自分ゴトとして考える難民問題

——SDGs時代の向き合い方

日下部尚徳

ニア新書 996

はじめに――この本を読むみなさんへ

初めまして。この本を手に取ってくれてありがとうございます。国際協力の研究をしている日下部《くさかべ》尚徳《なおのり》です。私は大学で貧困問題や国際支援について研究してきましたが、長い間、難民問題については「関心はあるけど複雑でよくわからない」「何かしたいけど一歩が出ない」「どこか遠い存在」と感じていました。そんな私の認識が大きく変わったのは、国内外で実際に難民の方々と知り合い、交流するようになってからです。知識や情報だけでは見えてこなかった、人としての出会いや気づきがたくさんありました。この経験をきっかけに、難民問題のさまざまな側面について、より深く調べ、考えるようになりました。そして、難民キャンプをたびたび訪れ、現地を歩いて難民の方々と対話を重ねてきました。

みなさんも日々、ニュースや新聞で難民問題について様々な議論が交わされているのを目にすることでしょう。しかし、ここで少し立ち止まって考えてみませんか。「難民」は状況を表す言葉であって、その人のすべてではありません。そこにいるのは、私たちと同じように、一人ひとりの人間です。みなさんと同じように名前があって、家族がいて、将来の夢を持っています。

本書には、これまでの経験を通じて得た多くの気づきやヒントを、現場で撮影した写真とともに、できるだけわかりやすく詰め込みました。難しい問題だからこそ、この当たり前だけれど大切な視点から、みなさんと共に考えを深めていけたらと願っています。

■難民ってどんな人?

では早速ですが、皆さんは難民ってどういう人のことか知っていますか?

難民とは、戦争や暴力、差別、迫害など様々な事情で自分の生まれ育った国を離れなければならなくなった人たちのことです。

世界には様々な難民がいます。例えば、ベトナム戦争によってアメリカや日本に逃れたインドシナ難民、イスラエル建国で故郷を追われたパレスチナ難民、アフガニスタンの戦争で住む場所を失ったアフガン難民などです。最近では、内戦から逃れ、さらに大地震に見舞われたシリア難民や、ロシアの侵攻により欧州や日本に避難しているウクライナ難民の姿もニュースで目にすることが多いでしょう。

こうした住む場所を追われた人々の中には、海外に逃れた人もいれば、自国内の別の地域に避難した人もいます。その数は毎年のように増えていて、2024年5月の国連の発表によると、1億2000万人にも達しています。この数は、日本の人口(2024年8月1日時点で1億2385万人)とほぼ同数です。世界の国々を人口の多い順に並べると、日本は12番目。その次に来るフィリピンの人口が1億1910万人です。

つまり、世界中の難民を1つの国だと考えると、人口の多さでは日本に次ぐ世界で13番目の国ができあがることになります。難民と呼ばれる人々は、受け入れてくれたいくつかの国や地域に散らばって暮らしているため意識しにくいのですが、何らかの危険があり自分の故郷を離れなければいけない人が1つの国と同じ規模でいること、これが最初のポイントです。大変残念なことですが、私たちはいま、難民の存在が当たり前の時代、「難民の世紀」を生きていると言えるでしょう。

その象徴的な出来事として、オリンピックにおける難民選手団の結成が挙げられます。国の代表が競い合うオリンピックに、国をもたない選手たちの団体が参加するようになったのです。これは、難民問題が世界規模の課題であり、その数が国家規模であることを如実に表しています。

■日本に難民っているの？

しかし、皆さんの中で難民に会ったことがあるという人は少ないのではないでしょうか。実は、世界にこれだけたくさんいる難民が、日本にはほとんどいません。2022年のデータによると、日本で難民として認定された外国人は1年間でわずか202人でした。また、難民としては認定されないものの、人道的配慮を理由に在留を認められた外国人は1760人です(出入国在留管理庁2022年統計)。これでは皆さんが普段の生活で難民に出会わないのも当然です。出会えないわけですから、彼ら彼女らがどんなところで生まれ、どんな状況で生活しているのか知るすべもありませんし、知ろうと思うきっかけも少ないでしょう。難民は、スマホやテレビのニュース、新聞を通じてようやく知る存在、これが今の日本の現状と言えます。

そんな日本に逃げてきた人々にとって、この国での生活は決して安全・快適なものではないようです。爆弾が降ってくるわけでもなく、銃弾が飛び交っているわけでもないのに、なぜでしょうか？　難民当事者や支援団体の方々の話を聞くと、大きな理由の1つに、日本の人々からの差別や無意識の思い込みがあることがわかります。難民の生徒が学校でいじめを受けたり、隣近所に住む人たちから敬遠されたり、定職に就けなかったり、家が借りられなかったり、難民の人々が日本で直面する問題は枚挙に暇《いとま》がありません。特定の国や地域にルーツがある人を追い出そうと、攻撃的で侮辱《ぶじょく》的な言葉を投げかけるヘイトスピーチなどは最もひどい差別の典型です。

本書では、私が長年研究している地域に暮らす「ロヒンギャ難民」を中心に、難民の人々がなぜ生まれ故郷を離れなければならなくなったのか、どのようにして今暮らしている場所に避難して、避難先でどのような生活を送っているのかを見ていきたいと思います。ロヒンギャというよく知らない遠くの人たちの話としてではなく、今まさに、この瞬間も、慣れない異国やキャンプ地で必死に生きようとしている、一人の人間の物語として読んでもらえたらと思います。

あわせて日本で暮らす難民のストーリーもご紹介します。

周りにいないから知らない、知らないから受け入れない、受け入れないから知らない、こんな悪循環から、一歩抜け出すにはどうすればよいのかを考えたいと思います。

各章の冒頭には、見えていなかった難民と出会っていくスミレさんの物語をおきます。続いて章末には、本文のスピンオフを扱った「ゼミで深掘り」を入れてあります。実際に私がこれまでゼミの学生と一緒に考えてきた難民問題にまつわる身近な話題を会話形式で収録しています。ここでは考えるヒントになりそうな映画や小説、漫画なども紹介していきます。

また、国連が掲げる「SDGs：持続可能な開発目標」は、実は難民問題の解決にヒントを与えてくれる存在でもあります。そこでコラムでは、難民の人たちが抱えている課題を、SDGsに沿って考えていきます。

難民問題は今、世界が直面するとてもとても大きな課題なのに、私たちの目に見えないがために「自分ゴト」として捉えにくく、どこか遠くの話としてスルーしがちです。こうした現状を変えていくことは簡単ではありませんし、こうすれば解決できるという答えがあるわけではありません。少なくともこれまでの大人たちは難民問題を解決できていません。本書でもいくつかの取り組み事例を紹介していますが、未だ道半ばです。この状況を改善するには、この本を手にとってくれた皆さんの思い、アイデア、行動力が必要なのです。

難民問題に完璧な解決策はありません。日本が難民をたくさん受け入れたり、お金での支援を増やしたりすればよいという単純な話でもないでしょう。その根底には差別や紛争といった深刻な問題があり、これら複数の要因に対する粘り強い取り組みが必要です。しかし、私たち一人一人が関心を持ち、理解を深め、小さな行動を起こすことで、変化を生み出すことができるのではないかと思っています。

2024年10月

日下部尚徳

目　次

＊本文中の写真は、とくに断りのないものについては、筆者によって撮影されたものです。

本文カット＝オオタガキ　フミ

1章
世界の難民・日本の難民

バングラデシュのロヒンギャ難民キャンプ

◉大学生・スミレの物語1

「難民の日」だからか、駅では難民支援の募金活動をやっている人たちがいた。ポスターや、配られているリーフレットには海外の子どもたちが写っている。寄付していこうかな、と思ったけど、何となくやめた。意味あるのかな?とも思っちゃうし、ほんのちょっとお金を払ったくらいで何かした気になるのもなんか違う。なによりバイトに遅刻しちゃう。急げ急げ。そう、日本の学生は忙しいのだ。でも、忙しいのを言い訳にしてる気もしてスッキリしない。そういえば、次の学期の授業そろそろ決めないといけないし、せっかくだし難民について学べる授業を探してみようかな。

■どうして自分の国に住めないの?

「生まれた国で暮らせない」「生活している場所に住み続けることができない」、日本に生まれ育った多くの人にとっては、こうした状況はなかなかイメージすることができないのではないでしょうか。ましてや「このまま自分の国に住んでいたら、命が危ないかもしれない」――そんなドラマのような事態に直面するケースはそうそうあることではないでしょう。
でも、もしあなたがそのような状況に置かれたら、どうしますか？　家族や友だち、思い出の詰まった家、慣れ親しんだ学校や街並み、すべてを置いて行かなければならないとしたら？

想像するのは難しいかもしれませんが、世界には、実際にそういう選択をせざるを得なかった人々が、たくさんいるのです。

では、どうして自分の国に住み続けられない人々がいるのでしょうか？　そこにはどんな理由があるのでしょうか。人々が住み慣れた場所を離れなければならない理由は色々ですが、例えば次のようなものがあります。

- 政府に反対するデモに参加したことをきっかけに、命を狙われるようになった
例えば、ある国で民主化を求めるデモに参加した学生が、政府から危険人物とみなされ、逮捕や拷問の危険にさらされるケースがあります。
- 自分は性的マイノリティだが、国は同性愛を禁止している
世界には同性愛を罪とみなす国が存在します。そのような国で、自分のセクシュアリティ

を隠して生きるか、それとも別の国で自由に生きるかの選択を迫られる人もいます。

・国が広めたい宗教とは違う宗教を信じている

特定の宗教を重視している国で、別の宗教を信じる人々が迫害されるケースがあります。例えば、仏教が主要な宗教である国において、イスラム教徒のコミュニティが不当な扱いを受けることがあります。同様に、イスラム教スンニ派が多数を占める国で、シーア派の信者が差別や抑圧に直面するといったケースもあります。

・少数民族であることを理由に、政府から理不尽な扱いを受けている

例えば、ミャンマーのロヒンギャの人々のように、国籍を認められず、教育や医療へのアクセスを制限されるなど、基本的な人権を侵害されているケースがあります。

・内戦や紛争によって、自分の住んでいた地域が戦場と化してしまった

シリアやウクライナ、パレスチナのように、突然の戦争によって安全な日常が奪われ、その国の人々が避難を余儀なくされることもあります。

・気候変動や自然災害で、住んでいた土地が住めない状態になってしまった

海面上昇による島嶼《とうしょ》国の水没や、干魃《かんばつ》による農地の荒廃などが原因で、「環境難民」と呼ばれる人々が増加しています。

（出典：難民支援協会WEBサイト、木下理仁『難民の？がわかる本』太郎次郎社エディタス）

こうした理由で、自分の国を逃れ他の国に避難する人々のことを広く一般に「難民（refugee）」と呼びます。困「難」を逃れた「民（人々）」という意味です。直面する「難」は一人一人違いますが、住み慣れた家や土地を離れ、仕事を捨て、時には家族と別れ、国を脱出しなければならないのです。

現在、世界中で国境を越えて難民となった人の数は、合計で約3760万人にも及びます。「あれ、さっきの1億2000万人は？」と思った人もいるでしょう。分かりにくいかもしれませんね。もう少し説明を加えると、「難民」や後に説明する「国内避難民」（6830万人）、難民申請の結果を待っている人（「庇護希望者」690万人）などをあわせたのが、冒頭の「1億2000万人」という数です。これらの人をまとめて、「強制移動を余儀なくされた人々」「移動を強いられた人々」と表現することもあります。

このような、暮らしている場所から移動せざるをえなかった人の中で、国境を越えた人が狭い意味での「難民」になります。しかし、国境を越えていなくても、自分の国の中で移動を強いられた人々もまた、広い意味で困「難」を逃れた「民」、難民といえるでしょう。

2022年末の時点で、国境を越えた難民を最も多く送り出している国々は、UNHCRの「グローバル・トレンズ・レポート2022」によると、多い順にシリア(655万人)、ウクライナ(568万人)、アフガニスタン(566万人)、ベネズエラ(545万人)、南スーダン(230万人)となっています。ちなみにカッコの中の数字は、自分が住んでいた地域から他の場所へ避難した人々の数を表しています。

難民を保護する役割は、避難先国の政府を筆頭に、国際機関、NGOなどが協力して担っています。難民の国際的な保護を担当する機関としてよく名前を聞くのが、国連難民高等弁務官事務所(The Office of the United Nations High Commissioner for Refugees)、通称UNHCR《ユーエヌエイチシーアール》です。1951年に活動を開始したUNHCRは、現在では137カ国で難民を保護・支援する活動を展開しています。日本政府はUNHCRに対して多額の資金を提供しており、拠出額ではアメリカ、EU、ドイツに続き世界4位に位置しています。

ここで、「難民」の定義をもう少し詳しく見ていきましょう。「私は難民です」と自分で主張するだけでは難民とはみなされません。国際社会からの保護を受けるためには、受け入れ国の政府やUNHCRからの客観的な難民認定が必要です。皆さんは「難民」として認められるための国際的な基準があることを知っていますか?

難民認定の土台となるのは、通称「難民条約」と呼ばれる国際的な条約です。条約とは、国同士が互いに守ろうと決めたルールのことです。ですので、難民条約は、難民についてこれだけはみんなで守ろうねと話し合った取り決めということになります。それをもとに、難民受け入れ国の政府、場合によっては受け入れ国から相談を受けたＵＮＨＣＲが、誰が「難民」の立場に当てはまるかを判断しています。一般的に、次の2つの条約・議定書をあわせたものを「難民条約」と呼びます。

「難民の地位に関する1951年の条約(The 1951 Refugee Convention Relating to the Status of Refugees)」：2023年1月現在、加入国数146カ国。
「難民の地位に関する1967年の議定書(The 1967 Protocol Relating to the Status of Refugees)」：2023年1月現在、加入国数147カ国。

難民条約では、次の人々を「難民」と定めています。

1951年1月1日前に生じた事件の結果として、かつ、人種、宗教、国籍もしくは特定の社会的集団の構成員であることまたは政治的意見を理由に迫害を受けるおそれがあるという十分に理由のある恐怖を有するために、国籍国の外にいる者であって、その国籍国の保護を受けることができない者またはそのような恐怖を有するためにその国籍国の保護を受けることを望まない者(後略)。

〔難民の地位に関する1951年の条約：第1章第1条A(2)〕
(出典：UNHCR駐日事務所ウェブサイト)

法律の文章は難解ですので、ポイントとなる部分を5つ、分かりやすい言葉に直して説明してみましょう。

①1951年1月1日前に生じた事件の結果として
②人種、宗教、国籍もしくは特定の社会的集団の構成員であること、または政治的意見のいずれかを理由に
③迫害を受ける恐れがあるため
④自分の国の外にいて
⑤自分の国の保護を受けられない、または受けたくない人

②ですが、難民条約によると、人種、宗教、国籍、特定の社会集団の構成員であること、さらに政治的意見のいずれかが原因で自分の身に危険が迫っている場合、その人は「難民」と認められるのです。「特定の社会集団の構成員」というのは、例えば年齢やジェンダー、性的指向、過去に所属していた団体などのことを指すとされています。

ところで、この5つの項目を見ていて、気が付くことはありませんか。そう、ここには「武力紛争」や「気候変動」などの単語が含まれていません。つまり難民条約の記述に厳密に則ると、戦争や自然災害が原因で他国に避難した人は「難民」とは呼べないことになってしまうのです。最近ではウクライナからの難民が日本にも来ていますが、日本政府はウクライナ難民ではなく、ウクライナ避難民という言葉を使っています。

これには「難民の地位に関する1951年の条約」ができた時代背景が関係しています。アメリカとソ連という二大国を軸として世界を二分した東西冷戦の真っただ中に制定されたこの条約は、第二次世界大戦前から存在していた難民と、共産主義の台頭に伴い新たに発生したソ連および東欧出身の難民を守るために制定されました。そのため、「難民の地位に関する1951年の条約」は、UNHCRが活動を開始した1951年1月1日の時点で、「政治的意見」を理由にソ連を中心とした東側陣営から、西側陣営にあったヨーロッパ地域にすでに避難していた難民を主な対象としていたのです。

しかしその後、この時間的制限(「1951年1月1日前に生じた事件」)と地理的制限(「ヨーロッパで生じた事件の結果として」)が時代にそぐわないとして、「難民の地位に関する1967年の議定書」において、①の「1951年1月1日前に生じた事件の結果として」は取り除かれました。今ではもうこの点は考慮されなくなっています。

さきほど、難民条約には「武力紛争」という単語が入っていないことを確認しました。しかし現実には、残念ながら世界中で紛争が発生・継続しており、紛争の被害から逃れるために国を離れる人が後を絶ちません。このような国際情勢を受け、自分の国や地域で発生した紛争のせいで避難せざるを得なかった人々のことも難民として認定できないだろうか、という声があがりました。

そこで、1969年にはアフリカで「アフリカにおける難民問題の特殊な側面を規律するアフリカ統一機構(OAU)難民条約」が採択され、外国からの侵略や占領から逃れた人についても難民と認めることが確認されました。

『難民』とはまた、外部からの侵略、占領、外国の支配または出身国若しくは国籍国の一部若しくは全部における公の秩序を著しく乱す事件の故に出身国または国籍国外に避難所を求めるため、常居所地を去ることを余儀なくされた者にも適用される。

〔アフリカにおける難民問題の特殊な側面を規律するアフリカ統一機構難民条約：第1条2項〕

同様に、1984年にラテンアメリカ地域で宣誓された「カルタヘナ宣言」では、第Ⅲ条3項で、暴力や内戦が原因で逃れた人のことも難民と認定することが定められています。

この地域において採用が勧告される難民の定義とは、1951年の難民条約と1967年の同条約の議定書の定義の要素に加え、暴力が一般化・常態化した状況(generalized violence)、外国からの侵略、内戦、重大な人権侵害や公の秩序を著しく乱すその他の事情によって、生命、安全または自由を脅かされたため自国から逃れた者をも含むものである。

〔カルタヘナ宣言：第Ⅲ条3項〕

このように、過去に難民条約で定められた「難民」の定義を、それぞれの国や地域で拡大し、外国からの侵略や内戦、重大な人権侵害などから逃れた人も難民であると認定することがあります。前述のアフリカ統一機構難民条約はアフリカ地域の、カルタヘナ宣言はラテンアメリカ地域の決まりごとですが、各地域の事情にあわせて「難民」と認定する人の範囲を広げているのです。

「難民」が生まれる背景は、多様です。現在では元々の難民条約の解釈を広げる形で、武力紛争が原因で自分の国を逃れた人々も「難民」として認めることが一般的になってきました。時代背景にあわせて条約の解釈の仕方が変化しているのです。

また、④の「自分の国の外にいて」も重要です。国境を越えて他の国へ逃れない限り、その人は条約上「難民」とは認められません。例えば、A国にあるa村(生まれ故郷)で迫害を受けたため、同じA国のb村へ避難した人については、正式には「難民」とは呼ばないことになっています。代わりにそのような人々のことを「国内避難民(Internally Displaced Persons: IDP)」と呼びます。現在、世界中の国内避難民の数は6830万人にのぼります。実は条約上の「難民」の人口よりも多いのです。

国境を越えないからと言って、国内避難民の人々の生活環境が「まだマシ」ということではありません。なぜなら、多くの国内避難民は国外に逃げることすらできない環境に置かれているといえるからです。例えば、森やジャングル、山岳地帯などに身を隠して暮らすなど、劣悪な環境に身を置いている人々もいます。

また、定義上は国内避難民ではありませんが、日本でも東日本大震災および福島原発事故で、生まれ育った土地を離れざるを得なかった人の数は、発災から3日目のピーク時には全国で約47万人にもおよびました。復興庁によると、13年たった今でも約2万6000人が住み慣れた故郷に戻れていません(2024年2月現在)。友だちや家族と離れ離れになったり、仕事を変えたり、転校したりと、生活が大きく変わった人がたくさんいるのです。

こういった人々は、法律上は「難民」とは呼ばれませんが、故郷を離れて暮らさなければならないという点で、海外の難民と似た経験をしているといえます。

ちなみに、難民条約の目的は、誰を「難民」と認定するかの基準を明確にすることだけではありません。難民に認められる権利についても数多くの取り決めがなされています。最も有名なのは「ノン・ルフールマン原則(Principle of non-refoulement)」でしょう。これは、迫害を受ける可能性のある出身国に難民を無理やり送り返してはならないという原則のことで、今日まで国際的な難民保護の核心部分となってきた、非常に重要な約束事です。他にも、難民に対するパスポート(難民旅行証明書)の発行など、難民の生活を支える様々なルールが記載されているので、ぜひ難民条約に目を通してみてください。ＵＮＨＣＲや外務省のウェブサイトで原文にあたることができます。

■難民問題はどうやって解決するの？

年を追うごとにますます規模が大きくなる難民問題。では、難民問題はどのように解決していくのが望ましいのでしょうか？

難民問題の解決には次の3つの方法があると言われています。これらをまとめて「恒久的解決策(Durable Solutions)」と言います。

①自主帰還(Voluntary Repatriation)
②一次庇護国での社会統合(Local Integration)
③第三国定住(Third Country Resettlement)

1つめの「自主帰還」は、難民が自分の国に帰ることを指します。自分がこれまで生活していた場所が安全になり、元の生活に戻るというのは最も望ましい解決策かもしれません。しかし紛争や差別といった問題は、簡単には解決できないことが多いのが現実です。難民が発生する原因を解消し、安全に帰還できるような環境を確保することが必要とされます。

2つめの「一次庇護国での社会統合」は、自分の国を逃れた難民が最初に到着した国で保護を受け、その国の社会システムにアクセスできるようになることを意味します。実は、難民を最も受け入れているのは、難民を送り出す国の周辺に位置する国々です。例えばシリア難民にとってのトルコや、アフガニスタン難民にとってのパキスタンなどが一次庇護国にあたります。トルコも、パキスタンも隣国ですので、地理的に自分の国に近いという意味では少し安心かもしれません。しかしあまりにも数が多いので、受け入れ国のほうは、難民に寄り添い、共生できる社会を築くための施策をとる余裕がなく、資金的にもいっぱいいっぱいの状況です。

3つめの解決策である「第三国定住」は、難民が最初に避難した国とは別の第三国(多くの場合、先進国)に移動し、そこで長期的に生活していくことです。しかし、日本や欧米諸国では遠くの国で生まれた難民の受け入れに反対する人も多く、なかなか第三国への定住は進まないのが現状です。また、難民自身にとっても第三国での生活には多くの困難が伴います。言語や文化、宗教の違いは、新しい環境への適応を難しくする要因となります。多くの場合、難民は新しい国の言葉を一から学ばなければならず、また、これまでの経験や技能とは全く異なる分野での就労を余儀なくされることもあります。

■難民の受け入れはなぜ難しいの？

２０１５年、中東やアフリカから１００万人以上もの移民・難民が地中海を船で渡り、ヨーロッパ諸国へ逃れてきました。欧州各国が対応に追われる中、同年11月にはフランスで同時多発テロ事件が発生し、テロ実行犯のうちの１人が難民に紛れてヨーロッパにやってきた可能性があると報道されました。この事件をきっかけとして、欧州をはじめ世界中で、難民の受け入れには慎重になるべきだという意見が強く主張されるようになったのです。

日本でも、「街に外国人がたくさんいると怖い」「難民を受け入れることで治安が悪くなるのではないか」という声がよく聞かれます。確かにフランスでの事例のように、難民に紛れ込んで入国した人が犯罪を起こす可能性は、ゼロとは言い切れません。しかし、１人の日本人が犯罪に手を染めたからといって日本人全員が犯罪者ではないのと同様に、仮にごく一部の難民が悪事を働いたとしても、全ての難民を同じように危険視するのは問題があるでしょう。

また、難民の受け入れは社会にとって負担になるだけだ、という意見も聞かれます。確かに、難民認定の審査には時間も人手もかかりますし、難民に対する医療や食料などの支援にお金がかかるのは事実です。しかし、難民は本当に社会の「お荷物」でしかないのでしょうか。

難民の多くは、当然ですが現地に知り合いがおらず、住む家も仕事もない、場所によっては言葉も通じない中、新たな生活を始めなければなりません。これが、多くの難民が直面する現実です。このような厳しい状況下で自立していくためには、避難直後の様々な支援が不可欠です。「困った時はお互い様だよ」と優しく手を差し伸べてくれる人がいたら、どんなに心強いでしょう。

そして、最初は様々な支援が必要であっても、生活が軌道《きどう》に乗れば、難民も受け入れ先の社会に大きく貢献できるようになります。例えば、逃れた先の国で働けるようになり経済的に安定すれば、税金を納めることも可能になります。つまり、難民もその社会を支える重要な一員となっていくのです。むしろ、適切な支援なしに難民を放置することのほうが、将来的には受け入れ国の負担を大きくする可能性があります。

難民の数は年々増え続けていますから、その対応に各国が頭を悩ませているのは事実です。誰が彼らを受け入れ、支援していくのかについては、国際社会でのさらなる議論が必要です。

これまでのところ、難民受け入れの最適解は見つかっていません。世界に広がる難民問題は、どこかの国に責任を押し付けて解決するものではないからです。国連や世界の国々が利己主義に陥らず、それぞれの立場や状況に応じてできることを考え、取り組んでいかないといけないでしょう。

■日本にも難民がいる?!

ここまで、難民を取り巻く世界の状況について説明してきました。続いては日本で生活する難民について説明しましょう。難民問題は、知らないどこかの国で起きている出来事ではなく、私たちの身近にも存在しているのです。

まずはじめに、日本での難民受け入れはいつから始まったのかを見ていきましょう。当時まだ難民条約に加入していなかった日本が難民の受け入れに関する判断を迫られたのは、1975年のことです。その年の5月、はるか遠くのベトナムから海を渡って、「インドシナ難民」と呼ばれる9名の人々が日本にやってきました。ベトナム戦争が終結した後、ソビエト連邦に支えられていたベトナム・ラオス・カンボジア(インドシナ三国)は、社会主義を推進するようになりました。この政治的変化により、多くの人々が迫害を恐れ、自国を離れざるを得ない状況に追い込まれたのです。彼らは小さなボートに乗って海を渡り、はるばる4000㎞の距離を逃れてきたことから、「ボートピープル」と呼ばれていました。

インドシナ難民の数は年々増え、1975年には126名でしたが、20年後の1995年には1万3768名にまで膨れ上がりました。その対応に迫られた当時の日本政府は、他の国からの受け入れ圧力もあり、ついに1978年、一定の条件を満たした難民の定住を認めると発表しました。1978年から2005年までの間に、日本は1万1319名のインドシナ難民に定住許可を付与したのです。

この経験を経て1981年に難民条約に加入した日本は、2023年末までの約40年間に、インドシナ難民の受け入れとは別に、累計で1420名を「難民」(条約難民)として認めてきました。一見すると数が多いように見えますが、日本政府から「難民」の立場を認められる人の数は、例年100人に届かないことが大半です。先ほど紹介した多数の難民を受け入れている国々や、他のG7諸国と比べると、格段に少ない数であるということが分かります。

アメリカのシンクタンク、世界開発センター(CGD)が発表する、国際開発における世界各国の貢献度を評価する指標「開発コミットメント指数(Commitment to Development Index 2023)」において日本は、40カ国中15位となっています。しかし、「移住：Migration」という評価項目においては、40カ国中32位と低い順位です。その理由として指摘されているのが、日本の難民の受け入れが人口1000人あたり0・14人という極めて少ない数字であることです。評価対象40カ国を難民受け入れ数の少ない順に並べた時の、真ん中の国の数値(中央値)は人口1000人あたり5人ですので、日本の受け入れ数は、標準的な水準と比べて30分の1ということになります。

ただし2022年には、前年にタリバン政権が復活したアフガニスタンからの難民を147人受け入れたことから、全体の難民認定数が増加しました(計202人を難民と認定)。日本での難民認定数の増加が一時的なものなのか、今後も増えていくのかは、日本の国民が難民との共存に前向きになれるかどうかにかかっています。多くの人が受け入れに賛成であれば、国民の代表である政治家も、受け入れに向けて動かざるを得なくなるからです。

■日本の難民認定プロセスはどうなっているの?

自分が難民であることを正式に認めてもらうためには、「難民申請」を行い、難民条約加盟国政府やUNHCRから「難民認定」を受ける必要があります。現在、日本の難民認定プロセスは法務省が担当しています。法務省に所属する「出入国在留管理庁」という機関が、どの人を難民と認定するか判断するための難民認定手続きを主導しているのです。この出入国在留管理庁は、難民認定の他にも、空港での出入国審査や外国人の在留管理なども担当しています。

日本で難民として認定されるためには、法務省に対して難民申請を提出する必要があります。申請時に提出する書類は12ページにわたります。申請内容に基づき、入国審査官による審査が行われた結果、申請者が難民であると認められる場合には法務大臣が「難民認定」を言い渡し、そうでない場合には「難民不認定」の判断を下します。もし「難民不認定」の判断を下されたものの、その結果に満足できない場合は、「審査請求」と呼ばれる不服申し立て手続きを行い、結果を考え直してもらうために再審査を依頼することができます。難民審査参与員と呼ばれる専門家や有識者の人々が、再度申請者の書類を確認し、面接での聞き取りも踏まえて、最初の判断が正しいものだったかどうかを吟味するのです。

ただし「難民不認定」の判断が下された場合でも、自分の国に帰ると命の危険があるために特別な配慮が必要だと判断された人については、日本に滞在するための許可(人道上の配慮による在留許可)が法務大臣から与えられることがあります。2022年には1760名の人々が、人道的な配慮を理由に在留を認められました。

1981年に難民条約に加入して以降、現在に至るまで、日本の難民受け入れの姿勢は消極的だと言われ続けています。なかでも何を「迫害を受けるおそれ」とみなすかの判断基準が欧米よりも一層厳しいことが指摘されています。

例えば、申請者には「迫害を受けるおそれ」を証明するための証拠提出が求められますが、着の身着のまま逃れてきた難民にとって、客観的な証拠を用意することは大変に難しいことです。そもそも、自分が迫害されたという証拠を持って逃げた際に捕まってしまったら、それこそ自身の命を危険にさらすことにも繋がります。また、日本は「政府から個人的に狙われていなければ迫害を受けるおそれがあるとは言えない」という解釈に基づいて難民申請者を審査しているのですが、一部の国では、指導者的な立場になくても、単に民主化デモに参加しただけ、特定の地域に住んでいるだけで命の危険にさらされる場合があります。

UNHCRは、申請者が全ての証拠を用意できることはめったにないため、申請者に「灰色の利益」(疑わしきは難民の利益に)を与えるようにと述べていますが、日本では依然として客観的証拠が重要視されているのが現状です。さらに、提出用の証拠には全て日本語訳を付ける必要がありますが、来日直後の難民にとって、翻訳者の手配やその費用を工面することは非常に困難です。

また、聴取の際に申請者が、審査をする人に罵倒《ばとう》されたり、侮辱する言葉を投げかけられたりするなどのハラスメントを受けた事例も一部で報告されています。原則として聴取手続きには弁護士の立ち合いが認められておらず、また録音・録画もないため、実際に何が起こっているかはブラックボックス化しています。自分の国で性被害を受けたと訴える申請者に対し、「あなたは美人だったから狙われたのかな?」という質問が投げかけられたり、また別の申請者には「あなたは難民にしては元気すぎる」という言葉がかけられたりと、難民申請者に対する不適切な発言があったことが報告されています。本来、見た目や体力は、難民認定の結果と関係がないはずです。そのため、専門的な知見をもって難民申請を手伝ってくれる支援団体や弁護士に出会えるかどうかが、申請者の人生を左右する非常に重要な分かれ道となります。

近年、多数の申請が寄せられていることもあり、申請の結果が出るまでに3年近くかかると言われています。在留資格の期限が切れてから難民申請を行った場合などは、申請中に就労や国民健康保険への加入が禁止されることがあります。これにより、命の安全を求めて日本に逃れてきた人々が、生存のためのギリギリの生活を強いられる状況に陥ったり、場合によっては、出入国在留管理庁が管理する収容施設に長期的に収容されたり、自分の国に強制的に送り返されたりすることもあります。

日本の難民支援専門団体である「難民支援協会」によると、避難先を探す中でたまたま最初に日本のビザを取得することができたから、という理由で日本に逃れてくる人も多いようです。一刻も早く自分の国を出発しなければ命が危険にさらされるという状況の中、最も早く入国のためのビザが下りた国に避難したいと考えるのは、自然なことだと思いますが、それによってその後の人生が決まるかと思うと、日本の硬直的な姿勢を、もう少し柔軟なものに再考する必要があるのではないかと思います。

■難民問題解決に向けた協力の必要性

1章を結ぶにあたり、最後に「難民に関するグローバル・コンパクト(Global Compact on Refugees)」を紹介したいと思います。これは、難民の保護をさらに促進していくことを目的に、2018年に国連総会で採択された国際的な取り決めのことで、次の4つを目的としています。

1つめは、難民を受け入れる国の負担を軽減すること、です。

UNHCRによると、2023年末時点で、世界の難民の75%が低中所得国で受け入れられています。大勢の難民を一気に受け入れたり、また難民の受け入れが長期間に及んだりすると、負担が集中してしまい、その国だけに影響が出てきてしまいます。そこで、難民の受け入れが一部の国だけに偏らないよう、世界中で協力しましょうということが合意されました。

2つめは、難民の自立した生活を促進すること、です。

難民が将来自分の国に帰るときのことを見据えて、難民が自立できるようサポートしていきましょう、という内容です。具体的には、難民が避難先の国で医療や教育へアクセスしたり、働いたりすることができるような環境を整えることが含まれます。実は受け入れ国によっては、教育や就業を認めていない国もあり、難民の人たちの自立を妨げています。

3つめは、恒久的解決策の1つである「第三国定住」を拡大すること、です。

難民が最初に逃れた先の国から別の国へと移動し、そこで新たな生活を営む、この枠組みをもっと活用し、より多くの難民を世界全体で受け入れることは、1つめにあげた受け入れ国の負担軽減にも繋がります。他にも難民を奨学生として受け入れ、教育が受けられる環境を提供するなど、多様な難民受け入れの在り方が考えられます。しかし、第三国定住の受け入れ先として手を上げる国は少ないのが現状です。

4つめは、難民が尊厳を保ちながら安全に自分の国に「帰還」するための環境を整備すること、です。

難民支援に携わる人々が頻繁《ひんぱん》に耳にする言葉があります。「自分の国に早く帰りたい」。この言葉は、難民問題の本質を端的に表しています。多くの難民にとって、他国での生活は一時的な解決策に過ぎず、最終的な目標は安全に自国へ帰還することなのです。人々が難民となり、自分の国から逃れなければならなかった原因の解決に向け、国際社会全体で取り組んでいくことが必要です。

これまで見てきたように、難民問題は年々規模が拡大し、複雑化の一途をたどっています。しかし、難民キャンプへの支援や難民受け入れを通じて、問題解決に貢献しようとする国はまだ少数にとどまっているのが現状です。そんな状況の中で、先にあげた4つの目的を達成するために、「難民に関するグローバル・コンパクト」では国連機関や難民当事者のみならず、自治体や企業、NGO、大学など、多様な立場の人々を巻き込んだ難民保護の体制を確立することの重要性が述べられています。

「持続可能な開発目標（SDGs）」の目標17が「パートナーシップで目標を達成しよう」であるように、様々な分野で活躍する人たちが協力することで、難民問題の解決に向けた道が開けるのではないでしょうか。皆さんも、世界の難民問題と自分との繋がりを考え、自分にできることは何かぜひ考えてみてください。

ゼミで深掘り・1

ここからは、大学のゼミでのディスカッションを通して、難民問題を考えていきたいと思います。本章で登場するのは、のり先生と学生のみどりさんです。

みどり　難民って、ニュースでは何万人もいるって言ってるんですけど、私はまだ一度も会ったことないです。

のり先生　私も、「私は難民です」という人に日本で会ったことはありません。日本は受け入れに消極的な国といわれており、実際に欧米諸国などと比べると少ないんです。

みどり　日本は世界第4位の経済大国で、G7とかにも入っているのになんで少ないんですか？

のり先生　島国だから陸路で来られないとか、英語が通じにくいとか、難民が来にくい環境にあるというのもありますが、それ以上に来ても難民として認められることがほとんどないんです。

みどり　命がけで日本に来ても難民として認められないんだ。でも難民ですって嘘ついて来る人もいるって聞いたことあるけど……。

のり先生　そういう人が全くいないとはいえません。でもそういった人を1人見つけるために、その他の本当に困っている人も非常に厳しい条件を課せられているのが日本の実情でしょう。

みどり　なんで難民にそんなに厳しい社会になってしまったんですか？

のり先生　日本社会には、外国の人は文化も価値観も異なるから一緒には住めない、という考えが広く浸透してしまっているのではないでしょうか。

みどり　確かに、ゴミの捨て方がなっていないとか問題になったって聞いたことあります。

のり先生　でも、ゴミの捨て方のマナーが悪い日本人もたくさんいますよね。生まれ育った土地が違えば、当然異なった考え方や行動様式をもつ人もいるでしょう。しかし、それは日本人同士でも一緒ではないでしょうか。

みどり　日本でも、最近の若いやつはマナーがなってないとかしょっちゅういわれますよね。

のり先生　同じ国に生まれ育っても、世代によって意見に隔たりもあるでしょうしね。もしかしたら近所のおじさんよりも、ミャンマーから来た同世代のロヒンギャ難民のほうが近い価値観をもっているかもしれませんよ。

最近わたしの娘がはまっている漫画『サトコとナダ』(＊1)はアメリカでルームメートになった日本人とサウジアラビア人の交流をコミカルに描いた作品です。お互いの文化に驚くこともありますが、それ以上にアメリカ社会で暮らすことでの戸惑《とまど》いや、同年代の女性としての共通の価値観が2人の友情を深めてくれています。

みどり　そうなんですか。留学生とか外国の人と一度話してみたくなってきました。あ、でも英語自信ないや。

のり先生　そんなことありませんよ。皆さんは、これまで多くの時間をかけて外国語を勉強しています。話すきっかけさえあれば、すぐに会話もうまくなるはずです。日本の中でも使わないともったいないですよ。それに、大切なのは言語能力ではないという考え方もあります。

みどり　外国の人とコミュニケーションをとろうと思ったら、言葉が一番壁になるんじゃないですか。漫画の中みたいにみんな日本語を話す世界に行きたいぐらいですよ。

のり先生　みどりさんは、イギリスが舞台の『わたしは、ダニエル・ブレイク』（＊2）という映画を観たことがありますか？　主人公のダニエルは、病気で大工の仕事ができなくなり、国の援助を受けようと役所に申請に行きますが、申請に必要なパソコンの使い方が分からず立ち往生してしまいます。それに対し、役所のスタッフも困惑の色を隠せません。彼らを冷たい人と言ってしまおうとは思いません。ただ単に、パソコンでの申請ができない人がいることに慣れていなかったのかもしれません。また、手助けするにも、役所のルールが邪魔をしているのかもしれません。さらに言えば、自分の仕事をそつなくこなすことやできるだけおおぜいの人に対応する必要があって、いちいち相手の苦難に寄り添ったり、複雑な背景を想像したりする余裕がないのかもしれません。

みどり　それと難民とか外国から来た人とコミュニケーションをとることと、どう関係があるんですか？　主人公も役所のスタッフも英語を話せるんですよね？

のり先生　そこなんです。二人とも英語で問題なくコミュニケーションがとれる。にもかかわらず、全くお互いが理解しあえていないんです。決して悪気があるわけではないのですが……個人の事情に対する共感の気持ちの希薄さが見てとれます。

みどり　難民の人を理解するのに必要なのは語学じゃないということですか？

のり先生　もしかしたらそうなのかもしれません。そもそも難民として来た人たちは英語が得意でない可能性もありますし。まずは相手が何に困っているのか、寄り添おうとする姿勢が重要なのではないでしょうか。

みどり　それじゃ英語の勉強はほどほどでいいですね。とりあえずSNSで学校の交換留学生と繋がってみます。スマホならすぐに翻訳してくれるし、オンライン上のほうが私たちの世代は本音いいあえるから。

のり先生　そういうものですか……。でも英語ができると便利だし、実際に会ってディスカッションしたり、パーティーしたりするのも楽しいですよ。

みどり　そういうのはちょっと……。同じ日本人なのに先生とは文化や価値観が合わないみたいですね。

＊1『サトコとナダ』（ユペチカ作、西森マリー監修、星海社、2017年）
＊2『わたしは、ダニエル・ブレイク』（ケン・ローチ監督、2016年）

コラム①

SDGs目標2「飢餓をゼロに」×難民問題

SDGsの目標2「飢餓をゼロに」は、難民支援において特に重要な役割を果たしています。この目標のターゲット2-1は、2030年までに飢餓を撲滅し、すべての人々、特に貧困層や幼児を含む脆弱《ぜいじゃく》な立場にある人々が、年間を通じて安全で栄養価の高い食料を十分に得られるようにすることを目指しています。

難民支援に携わる人々は、この目標の実現に向けて懸命に取り組んでいます。多くの難民は着の身着のままで避難してくるため、十分な食料や水を持ち合わせていないことが多く、緊急の支援が必要となります。

難民キャンプにおける食料支援は、受入国政府と国際機関の緊密な連携のもとで実施されています。例えば、世界食糧計画（WFP）が食料の確保を担当し、UNHCRや現地国政府がそれを難民に配給するといった形です。特に栄養失調の人々や子どもたちには、より栄養価の高

写真 1-1　水を汲みにきた子どもたち(上)，野菜を売る少年(下)．食料支援だけでは足りない野菜や卵，干し魚もある

い特別な食料が提供されています。

また、NGOや企業の貢献も見逃せません。例えば、日本企業のユーグレナは、バングラデシュのロヒンギャ難民キャンプで、ミドリムシを原料として含む栄養価の高いクッキーを配給する支援活動を行いました。こうした民間セクターの参加は、政府や国際機関の取り組みを補完し、支援の多様性と効果を高める上で欠かせない存在となっています。

食料支援の必要性は、難民キャンプに限ったものではありません。都市部で生活する難民も、しばしば食料支援を必要としています。彼らは、言語の壁や法的制約により安定した仕事を得ることが難しく、日々の食事にも事欠く状況に陥ることがあります。日本では、NPO法人難民支援協会が、国内で暮らす難民や難民申請者に食料を提供しています。

食料支援において重要なのは、個々の難民のニーズに応じた柔軟な対応です。宗教的な理由や文化的背景により、食べられるものに制限がある難民もいるため、多様性に配慮した支援が求められています。

このように、SDGs目標2の実現に向けた難民支援は、国際機関、NGO、企業、そして地域社会が協力して取り組む複合的な活動となっています。

2章
難民キャンプを知っていますか？

難民が暮らすテントの中

◉大学生・スミレの物語2

大学に入ってからはそうでもないけど、中学や高校の時は学校の長期休み明けの朝は、体が重くて、布団から出るのに一苦労だった。友だちには会いたいけど、校則とか、勉強とか、塾とか、進路とか、部活とか色々なことがどんどん押し寄せてくるから。考えちゃうと頭がグルグルして……。勉強しなくていいなら楽だろうなぁって何度も思った。これって私だけ？ でもホントに何もしないで済む毎日ってあるのかな。それって本当に楽しいのかな？ 自由ってそういうこと？

■何も持たずにたどり着いた場所で暮らすって、想像できる？

差別や暴力から逃れ、慣れ親しんだ土地を離れざるを得なかった人々が身を寄せる難民キャンプ。そこでの日々の暮らしは、どのようなものなのか、具体的な様子を思い描くのは特に日本で暮らす私たちには容易ではありません。

難民キャンプは、日本で大規模災害の際に建設される仮設住宅とは大きく異なります。多

写真 2-1　バングラデシュのキャンプ地は起伏が大きく，土砂崩れの心配もある（上）（下）

くの場合、「住宅」という言葉から連想される建物はほとんど見られず、代わりに広大な土地に無数のテントが立ち並んでいます。これらのテント群は、安全を求めて故郷を後にした人々の一時的な避難所となっていますが、そこでの滞在が長期化することも珍しくありません。本章では、世界最大規模の難民である「ロヒンギャ」を取り上げ、彼らが暮らす難民キャンプの実態を紹介します。

まず、ミャンマーで暮らしていたロヒンギャの人々が、バングラデシュの難民キャンプで生活するようになった背景を見てみましょう。

ミャンマーでは、ビルマ民族が全人口の約7割を占めています。国民の多くはビルマ語を話し、仏教を信仰しています。一方、ロヒンギャの人々は、イスラム教を信仰し、バングラデシュのチッタゴン方言に近いロヒンギャ語を話す少数派の民族です。このような違いもあり、ロヒンギャの人々は長年にわたり、政府からも他の民族からも差別を受けてきました。

1960年代以降、ミャンマーではロヒンギャを排除する政策がとられ、様々な弾圧が加えられました。その結果、多くのロヒンギャが隣国バングラデシュを始めとする国外への避難を余儀なくされています。そして2017年8月には、わずか1カ月の間に6700人もののロヒンギャがミャンマー国軍によって殺害されるという事態が起こったため、約70万人のロヒンギャがバングラデシュへと逃れました。

命からがら取るものもとりあえず故郷から逃げてきたロヒンギャ難民の多くは、着の身着のままバングラデシュにやってきます。荷物どころか、ミャンマーから逃げてくる途中で家族を亡くしてしまったり、山岳地帯や川を越える途中でケガを負ったりする人も少なくありません。

筆者が調査のため難民キャンプを歩いていると、２０１７年に起こった虐殺事件の時にまさに命をかけてバングラデシュに避難した、17歳の男の子、ジャハンギールくん(仮名)に出会いました。ジャハンギールくんは、故郷へ思いを馳《は》せながら、時に怯《おび》えた表情も見せながら、次のように話してくれました。

「真っ暗闇の中、家族で小舟に乗り込んだんだ。みんなで神様に祈りながら、ただバングラデシュに無事に着くことだけを考えて進んできたんだよ。懐かしいな。僕はまだ小さかったから、バングラデシュに来なければならない理由をはっきり分かっていなかったけど、ミャンマーでは安全に暮らせないんだなって思ったのを覚えているよ。ミャンマーの家には、毎朝僕がエサをあげていたニワトリがいたんだ。友だちとよく遊びに行ったお気に入りの場所もあった。ミャンマーでの生活は大変だった、とお母さんは言うけど、懐かしくみんなで思い出すこともあるよ」

12歳の時に舟でバングラデシュに渡ってきたジャハンギールくんは、ミャンマーから国境が設定されたナフ川を小舟で下り、海のほうまで出て、バングラデシュ南端のテクナフに上陸したといいます。たとえ日の光がある時間だとしても、舟で陸から離れ、周囲が海だけになると、誰もが不安と心細さを感じるものです。ジャハンギールくんは、夜の闇の中でこの恐ろしい舟旅を経験しました。バングラデシュに到着してしばらくは、ジャハンギールくんはいつも家族にぴったり寄り添うように過ごしていました。しかし、キャンプでの生活が2年、3年と経っていくうちに、難民キャンプ内の広場で近所の友だちと一緒にサッカーをしたり、将来について楽しそうに語り合ったりするようになりました。

「今は制限された生活だけど、キャンプ内でできる仕事をもっと頑張りたい。そしたら、お金をためてスマートフォンを買ってみたいし、いつかキャンプの外に出られる許可がもらえたらバングラデシュの他の地域も訪れてみたいな」

過酷な体験をしても前を向いてたくましく生きるジャハンギールくんの姿が、とても印象的でした。極限状態のキャンプで暮らす難民たちからはお金や地位、体力といったものに頼らない人間の本当の強さを感じます。

■難民が難民として生活を始めるまで

ジャハンギールくんの家族のように、ようやく国外に逃げられたとしても、安心はできません。辿り着いた先で生活することは、難民の人々にとって簡単なことではないのです。

ロヒンギャ難民の場合、バングラデシュ政府に公式に受け入れてもらうには、いくつかの公的な手続きが必要となります。まず入国した段階で難民かどうかの確認があり、次に難民支援のNGOなどから物資を受け取ります。その後、中継地キャンプに移動して難民登録を行い、最終的に滞在するキャンプ地が決定され、そこに向かいます。長い手続きと移動を経て、ようやく難民たちは生活するキャンプに入ることができるのです。

難民キャンプでは、政府機関や軍、国際機関が協力して援助物資の配給を行っています。国際機関には、WFP、UNHCR、国際移住機関(IOM)などが含まれます。これらの組織は、難民たちの基本的な生活ニーズを満たすために重要な役割を果たしています。

食料や生活必需品の配給に加えて、医療面でのサポートも欠かせません。赤十字や国境なき医師団といった医療援助団体が、この重要な役割を担っています。これらの団体は、キャンプ内に診療所を設置し、日々の医療活動にあたっています。彼らの存在は、難民たちの健

写真 2-2　キャンプに設置された簡易診療所(上). キャンプでは, 風邪薬や胃腸薬などの基礎的な医薬品の配給も行われる. また, 海外からの支援で作られた病院には毎日多くの難民が診療に訪れ, 順番を待つ(下)

康を守り、疾病や感染症の蔓延《まんえん》を防ぐ上で非常に重要です。

こうして、難民たちは様々な団体や人々から支援を受け、難民キャンプでの生活を始めていくのです。次にロヒンギャ難民の衣食住の様子をくわしく見ていきましょう。

衣服は、ミャンマーから避難する際に持ち出せたものに加え、支援物資として配給されるものや、ミャンマーから流れてきてキャンプ内の市場で売られているものを、入手して着ています。

支援物資の配給では、ミャンマーの伝統的な衣装であるロンジーなどが配られることが一般的です。しかし、近年の援助減少傾向により、衣服の支援が特に少なくなっているという声が難民たちから聞かれます。

キャンプ内の市場で売られている衣服は、難民たちにとって貴重な選択肢となっています。これらの衣服は、ミャンマーからの非公式な流通経路を通じてもたらされることが多く、難民たちの文化的なつながりを維持する役割も果たしています。しかし、購入するための資金が限られているため、多くの難民にとっては手の届きにくいものとなっています。

年に数着しか入手できない服で毎日を過ごさなければならない状況では、おしゃれを楽しむ余裕はほとんどありません。また、バングラデシュの冬季の寒さに対応する防寒着が不足しているという問題も深刻です。

続いて食料ですが、難民キャンプでの食料事情は、配給と自助努力の組み合わせで成り立っています。配給される食料は基本的な栄養を満たすことを目的としており、米、塩、豆、油、そして必要最低限の調味料などに限られ、指紋認証や配給カードで管理されています（71ページ、写真2-11）。しかし、バランスの取れた食事には肉などのたんぱく質源や野菜も必要不可欠です。

この不足を補うため、難民たちは独自の工夫を凝らしています。多くの人々は配給で得た米など物資の一部を売って現金に換え、それを元手に市場で野菜や肉を購入しています。公式には、このような配給物資の売買や市場の存在は認められていません。しかし実際には、難民キャンプ内にはこうした配給物資の売買場所や、野菜、肉、魚などを扱う市場が多数存在しています（64ページ、写真2-10）。

次に住居についてですが、ロヒンギャ難民の住環境は、極めて厳しい状況にあります。住居は主に二種類あり、一つは竹や木で骨組みを作りビニールシートで覆ったもの、もう一つは援助団体が配布するテントです。これらの住居は非常に脆弱《ぜいじゃく》で、雨季の強い雨風で簡単に破壊されてしまいます。台風が来ればなおさらで、ほとんど耐えられません。

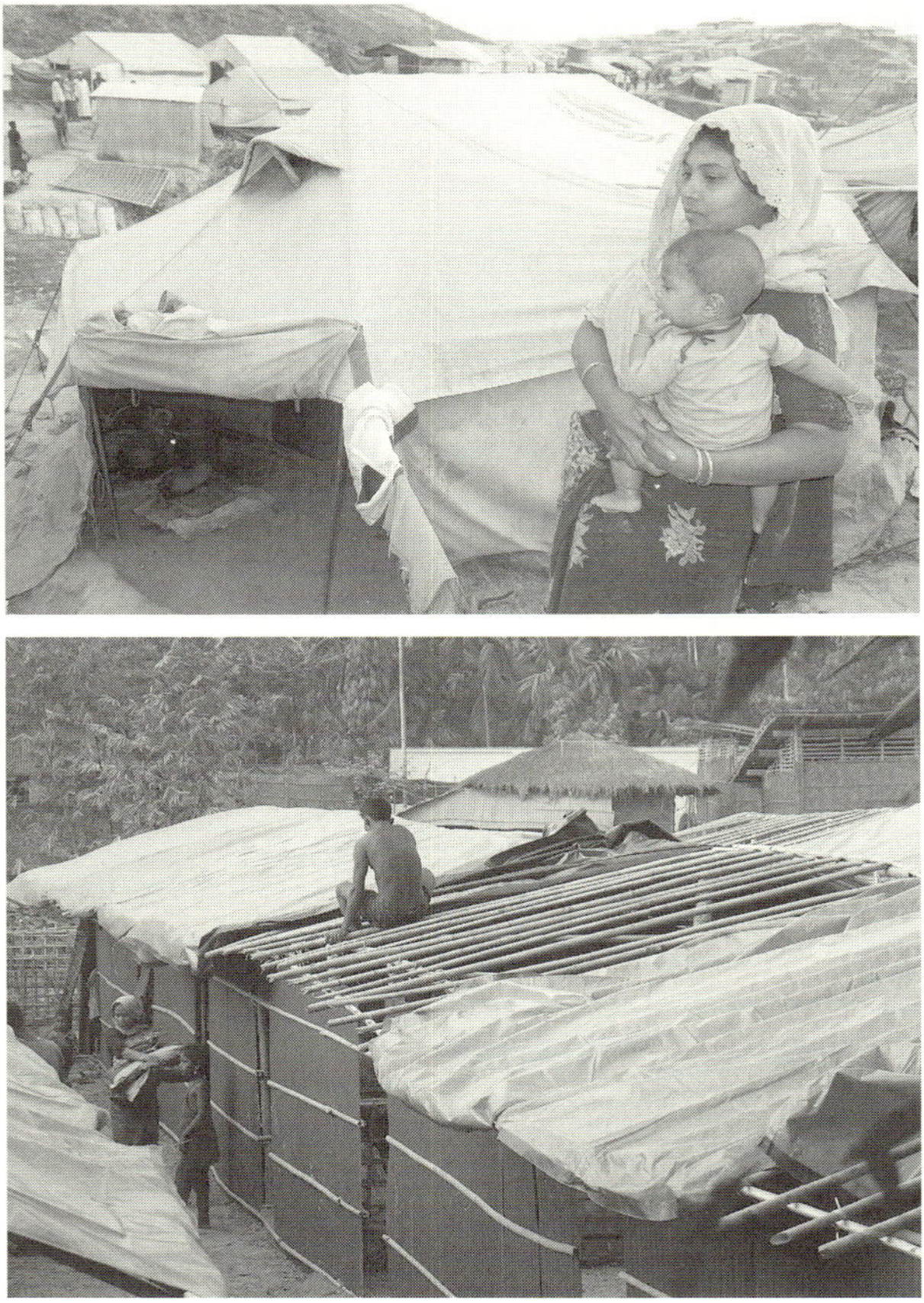

写真 2-3　援助団体が配布するテントで生活する母子．テントの屋根には UNHCR の文字がうっすらと見える(上)．竹や木で家の骨組みを作り，屋根はビニールシートで覆う(下)

また、キャンプの生活インフラは極めて不十分です。電気も水道も通っていないため、日常生活に大きな支障をきたしています。水の確保は特に重要な課題で、キャンプ内に設置された水タンクや井戸から各自が水を汲んで住居まで運ばなければなりません。時には隣接するバングラデシュ人の家から水を分けてもらうこともあります。

写真 2-4 難民に水を分けるバングラデシュ人

トイレ事情も深刻です。キャンプでは、家の中ではなく屋外にトイレが設置されています。しかし、電気がないため夜間は真っ暗になり、特に子どもや女性にとって非常に危険な状況となります。またトイレは、穴にためて満杯になったら別の場所にトイレ自体を移す方式を取っています。この方式には大きな問題があります。大雨が降れば汚物が溢れてしまう危険性があること、そしてキャンプでの生活が長期化するにつれてトイレを設置する場所が不足してしまうことです。

これら住環境の問題は、難民たちの健康と安全に直接的な影響を及ぼしています。特に衛生面での問題は深刻で、感染症のリスクを高め、子どもたちの成長にも悪影響を与える可能性があります。また、プライバシーの欠如や夜間の安全確保の難しさは、精神的なストレスや犯罪の原因ともなっています。単に一時的な避難所としてだけでなく、人間らしい生活を送るための最低限の条件を整えることが急務であるといえます。

ロヒンギャ難民の生活は、援助機関からの支援物資に大きく依存していますが、新型コロナウイルスの世界的流行やウクライナ危機、パレスチナ危機の影響でロヒンギャ問題への国際的な関心が低下し、近年、支援に必要な資金が十分に集まらなくなっています。その結果、難民たちに配給される物資が減少し、彼らの生活はますます厳しさを増しています。

写真 2-5　キャンプ内のトイレ

■根がない暮らし

難民の人々が直面する苦難は、劣悪な生活環境だけではありません。帰るべき故郷や、家族と再会できる機会がないことが、彼らの日々の生活や心に重くのしかかっています。難民キャンプで暮らすアラウッディンさん(仮名)はこう語ります。

「私の息子2人はパキスタンで暮らしています。いつか会いたいって思っているけど、もうずーっと、友人がかけてくれるビデオコールで顔を見るばかりです」

アラウッディンさんのように、家族が別々の場所で暮らすケースは少なくありません。ですから、「家族はみんなどこで暮らしていますか?」とロヒンギャの人たちに質問すると、「お母さん、お父さんは今バングラデシュにいるけど、お兄さんとお姉さんはマレーシアにいるよ」「おじさんはドバイで暮らしているんだよ」といった答えがよく返ってきます。

長年ミャンマーで差別されてきたロヒンギャの人たちは、渡航するお金が貯まったり、海外で働くビザが得られたりした順に、一人また一人と海外へと脱出し、移住した先で働いて得たお金を送金して家族の生活を守るのです。しかし、多くのロヒンギャ難民は、元々住んでいたミャンマーでは国民として認められず、避難先でも住民票や国籍を得られないことから、パスポートを取得することが困難です。そのため、現在の居住国から他国へ自由に移動することができないのです。

いつでも帰ることができる場所、離れて暮らす家族が再会できる場所——誰にでもあるそんな場所が、ロヒンギャの人たちにはないことを知ってほしい。アラウッディンさんは最後にそう付け加えました。

■難民キャンプの中で働く人たち

難民たちは、避難したばかりの頃は心や身体を休ませることに専念しますが、しばらくすると、多くの人が援助機関の募集する有償ボランティアとして働き始めます。

難民キャンプ内では、通訳や教師、NGOのボランティア、道路整備や建設補助など、様々な仕事をする人が募集されています。キャンプ設立当初は、各援助機関が独自に「お礼」の金額を決めていました。これが賃金ではなく謝金として扱われるのは、バングラデシュ政府がロヒンギャの人々の就労を認めていないからです。

バングラデシュの立場からすれば、ロヒンギャの人たちは一時的に避難してきている人たち、いつかミャンマーに帰る人たちなので、バングラデシュで仕事を始めて、ここに居着かれてしまっては困ると考えているのです。

一般的に、難民や移民を受け入れている、受け入れ先の人たちのことを「ホストコミュニティ」といいます。ロヒンギャ難民のミャンマーへの帰還が進まず、キャンプ生活が長期化する中で、彼らのホストコミュニティであるバングラデシュ人から不満の声が上がるようになりました。難民キャンプ内のボランティアへの謝金が、バングラデシュ人の日雇い労働の賃金を上回るケースがあったためです。

これを受け、バングラデシュ政府はロヒンギャ難民の自由を制限し、キャンプ管理を厳格化する政策を取るようになりました。現在では謝金の金額が統一され、バングラデシュの一般的な日雇い賃金よりも低い、1日当たり100タカ〜300タカ(バングラデシュの通貨。約130円〜390円)に設定されています。

ロヒンギャ難民の人々にとって、難民キャンプでの仕事は、今では生計を立てる上で不可欠なものとなっています。援助機関からの支援物資だけでは、到底生活を維持することはできないからです。確かに、米や限られた野菜、豆などは配給されますが、肉や魚の配給はありません。さらに、歯ブラシ、洗剤、衣服などの生活必需品も十分に支給されていないのが実情です。謝金の額が減少すると、難民の人々の生活が立ち行かなくなってしまうのです。

そのため、本当は禁止されていますが、こっそりとキャンプから出て、ホストコミュニティで仕事をする人もいます。田畑をもっているお金持ちのホストコミュニティの中には安い賃金で働いてくれるロヒンギャを歓迎する人も少なくありません。

また、難民キャンプの近くには写真2-6のような「難民バザール」と呼ばれる市場があります。大通りに面して広がるこのバザールでは、難民たちが支援物資として受け取った多様な品々が販売されています。お米、石鹸《せっけん》、生理用品から、ノート、クレヨン、洋服、さらにはソーラーパネルやガスコンロ、スマホのケースまで、幅広い商品が並びます。難民たちは、他の生活必需品を購入するための資金源として、支援で受け取った物資の一部を売って現金に換えているのです。

写真 2-6　市場では，様々なものが売られている

ほとんどの商品には国際機関のロゴや、売り物ではないことをアピールする「Not For Sale」という文言が付いているので、本来は売り物にできないはずですが、実際は黙認されています。ホストコミュニティの人々、キャンプ管理の職員、警察官、そして援助機関の人々までもが、このバザールの主要な顧客となっ

ているからです。通常の市場価格より3〜5割安く商品が販売されているため、安価に日用品を入手できる場所として密かに人気を集めているのです。

調査のため筆者がキャンプの中を歩いていると、難民バザールへ支援物資を売りに行こうとしている男性が話しかけてきました。

「子どもがもらった栄養補給ビスケット10袋を100タカで買わないか？　おまけにこの鉛筆をつけてあげよう」

この男性は支援物資のビスケットを売り、その代わりに卵を買うのだそうです。こうした支援物資の転売行為は、現行の支援システムが難民たちの実際の希望と必ずしも一致していないことを示唆《しさ》しています。同時に、100万人規模の難民が抱える多様なニーズに対応することの困難さも浮き彫りにしています。彼らの行動は、単なる規則違反ではなく、厳しい環境下で生き抜くための知恵と努力の表れと見ることができます。

■ロヒンギャ難民の結婚

また別の日、難民の1人が「明日、お隣さんの結婚式だよ」と話しかけてくれました。

「難民キャンプで結婚式ができるの？」と驚く読者の方もいるかもしれません。

キャンプでの生活が長引く中、ロヒンギャ難民同士はもちろんですが、ホストコミュニティのバングラデシュ人と結婚するロヒンギャの人たちも少なくありません。難民たちは原則としてキャンプ外に出ることを禁じられていますが、ホストコミュニティとの交流が完全に遮断されているわけではありません。先ほどお伝えした通り、難民キャンプの中にあるバザールには、ホストコミュニティの人たちが買い物をしにやってくることがあります。キャンプ外でこっそりと働いている難民もいます。そうした場でホストコミュニティの人々と難民の人々が出会い、結婚に結びつくことも少なからずあるのです。

バングラデシュでは2014年に、バングラデシュ人とロヒンギャ難民との結婚を禁止する法律が定められました。この法律の背景には、ロヒンギャの人たちがバングラデシュの市民権を取得するために結婚しているのではないかという、バングラデシュ側の懸念《けねん》がありま す。繰り返しになりますが、バングラデシュ政府は、ロヒンギャ難民はいずれミャンマーに帰ることが望ましいと考えているため、結婚を通して市民権を得る難民たちが増えることを危惧しているのです。

しかし、大規模な難民キャンプができて7年以上がたち、現在ではロヒンギャの人がバングラデシュ人と結婚するケースが増えています。政府としては禁止しているものの、ホストコミュニティのあるコックスバザール県では黙認されることが多くなっているようです。

■難民キャンプの教育

将来に備えて教育を受けることは、難民にとっても非常に重要です。コロナ禍が明けてようやく、難民キャンプ内に学校や学習センターが増設され、子どもたちが小学校レベルの初等教育を受けられるようになってきました。これらの「学校」は、木やビニールシートなどで作られた簡素な建物で、多くはユニセフの支援によって現地NGOが運営しています。授業では読み書きや計算を学ぶだけではなく、コミュニティ活動、レクリエーション、スポーツなども行われています。また、就学前の子どもたちにも、遊ぶ場所が提供されています。

避難直後は勉強する余裕がない状態が続きますが、避難からおおむね3カ月〜6カ月後ごろに少しずつ学校に通い始めます。

学校の運営や授業には、国際機関の職員やホストコミュニティの人たちに加え、子どもたちと同じ言葉を話すことができる、同じく難民の先生が、有償もしくは無償ボランティアで携わっています。

ユニセフによると、2023年7月の時点で、バングラデシュのロヒンギャ難民キャンプには約3400の学校・学習センターがあります。キャンプ内には40万人以上の学齢期の子どもたちがおり、そのうち約30万人が実際に通学しています。これらの教育施設では、学習能力枠組みアプローチ（LCFA）という4段階のシステムが採用されています。LCFAは緊急時用の非公式学習システムで、主に4歳から14歳の子どもたちを対象としています。

写真 2-7　難民キャンプの学校に集まる子どもたち

けれども難民生活の長期化に伴い、このシステムだけでは不十分となってきました。そこで2023年、ユニセフとバングラデシュ政府は共同で作成した新しいカリキュラムをすべての学校に導入しました。「ミャンマー・カリキュラム」と呼ばれるこの新システムは、ミャンマー政府の教育カリキュラムを参考にしています。新カリキュラムの目的は、子どもたちが将来ミャンマーに帰還した際にスムーズに適応できるようにすることです。そのため、ミャンマーの子どもたちが受ける教育と同様の内容が提供されています。一方で、バングラデシュへの定住を防ぐ意図から、バングラデシュの言語、歴史、文化については教えられていません。

■難民キャンプのお金は誰が出しているの？

ところで、着の身着のまま逃げてきた難民の人たちがキャンプで生活するためのお金は誰が出しているのでしょうか？　世界中の難民を支援する資金の出どころは、大きく分けて3つあります。

1つめは、受け入れ国の政府です。難民が住む場所を提供し、生活に必要な環境を整え、そして支援活動全体の方針を決めて調整します。2つめは、様々な国の政府です。例えば、日本政府は2017年8月にロヒンギャの人々がバングラデシュに大量避難して以来、継続的な支援を行っています。日本はユニセフをはじめとする国連機関やバングラデシュのNGOに2億ドル以上の資金協力をしており、2023年2月にも「バシャンチャール島及びコックスバザール県におけるミャンマーからの避難民及びホストコミュニティのための総合生活支援計画」という無償資金協力を行うことが決定されました。こうした無償資金協力は、病院や学校の建設、安全な水を供給するための給水施設やトイレなどの衛生設備の整備、食料配給などに使用されます。返済義務はなく、難民の生活基盤を支える重要な役割を果たしています。

日本以外にも、アメリカ、イギリス、オーストラリアなどの欧米諸国やトルコ、カタール、サウジアラビアのような中東の国々の援助資金が、ロヒンギャ難民キャンプに暮らす人々のために使われています。

難民の生活を支える資金源の３つめは、市民の寄付です。ロヒンギャ難民の場合、ＮＧＯやイスラム教徒の団体が集めたお金や、世界中に暮らすロヒンギャの人々が出し合った寄付などが難民たちのキャンプ生活を支える重要な資金となっています。

日本でもワールド・ビジョン・ジャパンやプラン・インターナショナル・ジャパンといったＮＧＯが積極的に募金活動を展開しています。ホームページはもちろんのこと、駅前での募金活動や、コンビニエンスストア、スーパーマーケットに設置された募金箱への寄付など、私たちの身近なところにも支援の機会があります。一回の寄付額は小さくても、一人一人の気持ちが集まることで、難民の人々の食事や子どもたちの教育を支える大切な資金源となっているのです。

他にも日本に暮らすイスラム教徒からの寄付をモスクで集め、バングラデシュの難民キャンプに送る活動も行われています。これは宗教的なつながりによる支援の一例です。

このような市民レベルでの支援活動は、政府や国際機関による大規模な支援を補完する重要な役割を果たしています。また、一般市民が難民問題に関心を持ち、直接的に支援に参加できる機会を提供することで、社会全体の難民問題に対する意識向上にも貢献しています。

■キャンプの外に暮らすロヒンギャの人たち

ロヒンギャ難民の中には、キャンプの外、つまりホストコミュニティであるコックスバザール県内外で、バングラデシュ人に混じって暮らす人たちがいます。その1人である10歳のアリくん(仮名)の話を紹介します。

アリくんは、5歳の時にミャンマーからバングラデシュにやってきました。アリくんは、ロヒンギャ難民キャンプから車で3時間ほど離れた場所で、お母さんと2人の弟と暮らしています。ミャンマーからバングラデシュに来た時のことはあまり覚えていない様子でしたが、みんなで長い距離を移動したことはぼんやり覚えていると教えてくれました。

難民キャンプで3年間暮らしていたアリくんですが、小学校に行く年齢になっても勉強ができない状況が続いていました。新型コロナウイルスの影響でキャンプ内の学習センターが閉鎖してしまったからです。その状況を心配したお父さんの勧めで、アリくんは、お母さんと弟たちと一緒にこっそり難民キャンプを抜け出して、遠い親戚のいるコックスバザール県の田舎町で新たな生活を始めました。

バングラデシュ政府は、ロヒンギャ難民が指定された場所以外で暮らすことを禁止しています。実際、キャンプから逃げ出そうとするロヒンギャが逮捕され、キャンプに送り返されるニュースは珍しくありません。

しかし、アリくんの母親の話によると、彼らの周りには同様にキャンプを出て暮らすロヒンギャが15世帯ほどいるといいます。政府が禁止しているにもかかわらず、ホストコミュニティの人々は彼らに対して寛容で、うまく共存できているようです。すべてのケースがうまくいくわけではありませんが、こうした共生の事例は、希望につながります。

ホストコミュニティとの関わり

大規模な難民の流入は、ホストコミュニティの生活に様々な影響を及ぼしています。生活物資の需要増加や、地域の平均よりも高い給与を得る援助関係者の流入により、物価が上昇し、不動産価格や家賃も高騰しています。環境面では、キャンプ建設のための森林伐採や、難民による薪の採取により、自然環境の破壊が進んでいます。このような経済と環境への影響は、ロヒンギャ難民キャンプに限らず、世界各地の難民キャンプで確認されており、共通の課題となっています。

加えて、治安面での懸念も存在します。一部の難民による違法薬物の売買、銃器の所持、殺人などの犯罪が、メディアを通じて報道されています。これにより、難民の大多数は全く関係ないにもかかわらず、あたかも難民がみんな犯罪者であるかのようなイメージが作られてしまうのです。

こうした状況の中、当初は難民に同情的だったコックスバザール県のホストコミュニティの人々の間でも、難民を否定的に見る風潮が生まれつつあります。

写真 2-8　キャンプ周辺に張りめぐらされた鉄条網

ホストコミュニティのロヒンギャ難民に対する印象悪化や、キャンプ内の治安悪化を受けて、バングラデシュ政府は2020年頃からキャンプ周辺にフェンスや鉄条網を設置し始めました。さらに、キャンプの入口に検問所を設け、武装した警察官を常駐させるなど、出入りの監視を厳格化しました。

バングラデシュ政府にとってロヒンギャ難民は、人道的な「保護」の対象というだけではなく、「警戒・監視」の対象にもなりつつあるのです。こうした中、2021年3月22日にロヒンギャ難民キャンプで大規模な火災が発生しました。

キャンプの家屋は主に木材、竹、ビニールシートなどの燃えやすい素材で作られていたため、火は驚くべき速さで広がりました。UNHCRの発表によると、この火災で少なくとも15人が死亡、約560人が負傷、約1万戸が焼失・倒壊し、約4万5000人が住む場所を失いました。キャンプを囲むフェンスが避難の障害となり、消火活動の遅れを生んだのです。また、難民の定住を防ぎたいバングラデシュ政府の方針により、キャンプ内の建築物はコンクリートなどの恒久的な材料での建設が制限されています。この政策が、結果として火災に弱い構造のキャンプを生み出し、被害を拡大させる一因となりました。

このように、難民とホストコミュニティの双方が納得しながら共に生きていくことは非常に難しい課題となっています。

■増加するロヒンギャ難民

バングラデシュのロヒンギャ難民キャンプは、「拡大し続けるキャンプ」とよく言われます。その理由は、キャンプ内での人口が爆発的に増加していることにあります。

バングラデシュのロヒンギャ難民キャンプでは、驚くべき速さで人口が増えています。政府の発表によると、毎年約3万人の子どもが生まれ、2018年から2022年の4年間だけで10万人以上も増えました。ぜひ、皆さんの住んでいる自治体の人口と比較するなどして、人口10万人がどれほどの規模なのか想像してみてください。

ロヒンギャの人々の間で子どもの数が多いのには、ミャンマーでの不安定で危険な生活環境が大きく影響しています。子どもが殺されるかもしれない、健康に育たないかもしれないという恐怖から、多くの子どもを持つことで家族の存続を確保しようとする心理が働いているのです。

また、「子どもは神様からの授かりもの」というイスラム教の考え方が人々の中に根付いており、これが多産を肯定的に捉える文化的背景となっています。さらに、難民キャンプでの生活では、避妊具へのアクセスが限られています。それらが、バランスのとれた家族計画を難しくしています。

また、2017年以降も、ミャンマーからバングラデシュへと避難する人々の流れは続いています。2024年には、ミャンマーのラカイン州でミャンマー国軍とラカイン民族の武装グループの対立が激化し、6万5000人ものロヒンギャがバングラデシュ側に越境しました。キャンプの過密状態は日に日に深刻化しているといえます。

写真 2-9　キャンプには色々な年齢の子どもたちがいて，活気にあふれている

■世界の難民、その行き先は

2024年6月末時点で、紛争や迫害によって故郷を追われた人の数は世界で1億2000万人を超えたと言われています。ウクライナやガザを始めとする世界各地の人道危機により、この数字は今も増加し続けています。注目すべきは、国際的な保護が必要な人の4分の3が低中

写真 2-10　市場では，様々な野菜や魚が売られている（上・下）

所得国に避難しているという事実です。これは、経済的・社会的資源が限られている国々に、難民受け入れの大きな負担がかかっていることを意味します。先進国に比べ、これらの国々における難民の受け入れはより大きな困難を抱えています。

一方で、難民のキャンプ生活が長期化するにつれ、国際社会の関心が低下・分散し、支援も減少しています。その結果、難民たちの生活はさらに困難になり、食料、医療、教育など、基本的な生活支援が滞ることで、難民たちの未来への希望が失われつつあります。

このような状況下で、私たちに求められるのは、難民の人々の現状に継続的な関心を持ち続けることです。彼らがどのような生活を送り、何に困っているのかを知ろうとする姿勢が非常に重要になってきます。同じ時代に生きる、同じ人間として、世界で起きている出来事に目を向け、理解を深めることが、難民問題に対する持続的な支援と解決策の模索につながると言えます。

ゼミで深掘り・2

この章では、はるとさんも加わり、「難民の生い立ちと支援」について、深掘りしていきます。

はると　日本の難民受け入れ人数が少ないのは分かったけど、海外でもっと難民を受け入れているところでは、そこかしこに難民の人が暮らしているってことですか？

のり先生　数が多ければ、もちろん難民の人と出会う機会も日本よりはいくぶん多いかもしれません。しかし、難民や難民申請者の中には自分が難民であると言いたがらない人も多くいます。

はると　え、難民ですって言ってサポートしてもらったほうがよくないですか？

のり先生　自分が難民だと明かすことで、これまでのつらい経験を思い出してしまったり、難民としての経験が誤った情報として伝わってしまうと、それが原因で差別されたり、怖い人って思われたりするかもしれないと不安に感じているのです。

みどり　そうなんだ……。そんなに神経質にならなくてもいい気もするけど。

のり先生　難民の人たちの多くは、我々が想像もできないような過酷な人生を送っています。『FLEE フリー』(＊3)という映画は、幼い頃にアフガニスタンからデンマークへ難民として渡った実在の青年を主人公にした長編アニメですが、命がけで逃げ延びる中で、誰も信じられなくなっていく主人公の様子が描かれています。

はると　なんだか重そうな映画ですね。でも、日本にそんなにいないなら、一生懸命難民のことなんて知ろうとしなくてもいいんじゃないですか？　日本もいろいろと大変だし。

のり先生　しかし、人は生まれる場所や国を選べません。はるとさん、みどりさんはたまたま日本に生まれたかもしれませんが、同様にたまたま差別や暴力がある土地に生まれてしまう人もいるのです。

みどり　それは確かに。でも目の前にいないんじゃ助けようがないじゃないですか。

のり先生　おっしゃる通り、難民を多く受け入れているのはバングラデシュのような途上国です。バングラデシュは難民条約に入っていませんので、ミャンマーから来たロヒンギャの人々を難民として保護する義務は国際法上はありません。でも同じイスラム教を信じているロヒンギャは兄弟のようなものだから守らなくちゃ、と考えた市民やイスラム教の団体が政府に働きかけた結果、支援が始まりました。

みどり　普通の人たちが政府を動かすってすごいですね。

のり先生　一部のイスラム教団体が強く抗議したというのもありますが、国全体でロヒンギャ難民を助けようという機運が生まれたのは事実です。

はると　バングラデシュって途上国だから貧しいんですよね？　それなのに難民を支援するのって大変じゃないですか？

のり先生　バングラデシュは近年すごい経済成長を遂げていますが、それでも国民の5人に1人は貧困です。長期間難民を支援する余裕はありません。ですからこうした国を財政的にサポートするというのはとても大切なことです。日本もバングラデシュのロヒンギャ難民支援に協力しています。

はると　そうなんだ。日本のお金が使われているなんて全然知りませんでした。

のり先生　難民問題は時間がたつと次第にテレビや新聞で報道されなくなっていくので、情報が入りにくくなってしまいます。とはいえ、インターネットで探せばいくらでも出てきますし、自動翻訳を使えば英語や現地のニュースだってだいたいの内容は理解できます。関心を持ちさえすれば、案外情報は入ってくるものです。

みどり　その関心をどうやって持つかなんですよね。

のり先生　難民を支援している団体でボランティアをしたり、団体の主催しているイベントに参加してみるのもよいかもしれません。ＵＮＨＣＲが主催している難民映画祭などは、難民問題を考えるにはとてもよい機会ですよね。

はると　なるほど。そういうところって意識高い人しか行かなそうでちょっとハードル高いんですけど、行ってみようかな。

みどり　たしかに映画ならまだ行きやすいかも。あ、ちょうど2週間後に、難民映画の上映イベントがあるみたいだよ。

のり先生　いいですね。意識の高い低いに関係なく、自分が率直に何を感じるか、どう思うか、それを大切にしてください。

はると　よし、となれば早速申し込み申し込み……って、イベントの次の日、ゼミのレポート提出日なんですけど……（ジッ）。

のり先生　何ですか……、その無言の圧力は……。

＊3　『FLEEフリー』（ヨナス・ポヘール・ラスムセン監督、2021年）

コラム②　SDGs目標3「すべての人に健康と福祉を」×難民問題

2020年、新型コロナウイルス感染症が世界的に流行し、多くの命が失われました。皆さんの多くがマスクを着け、手洗いうがいを念入りに行い、ワクチンを接種して感染予防に努めたのではないでしょうか。感染症に国境は関係なく、瞬く間に世界中に広がってしまうということを、改めて痛感した出来事だったと思います。

皆さんがコロナ予防に奮闘しているのと時期を同じくして、世界中の難民もまた、新型コロナウイルス感染症と闘っていました。しかし、みなさんの身の回りに溢れているマスク、消毒液、石鹸、さらには清潔な水までもが、難民にとっては入手困難なものでした。特に、大勢の難民が密集して日々の生活を送る難民キャンプでは、これらの感染予防物資に加え、手洗い場

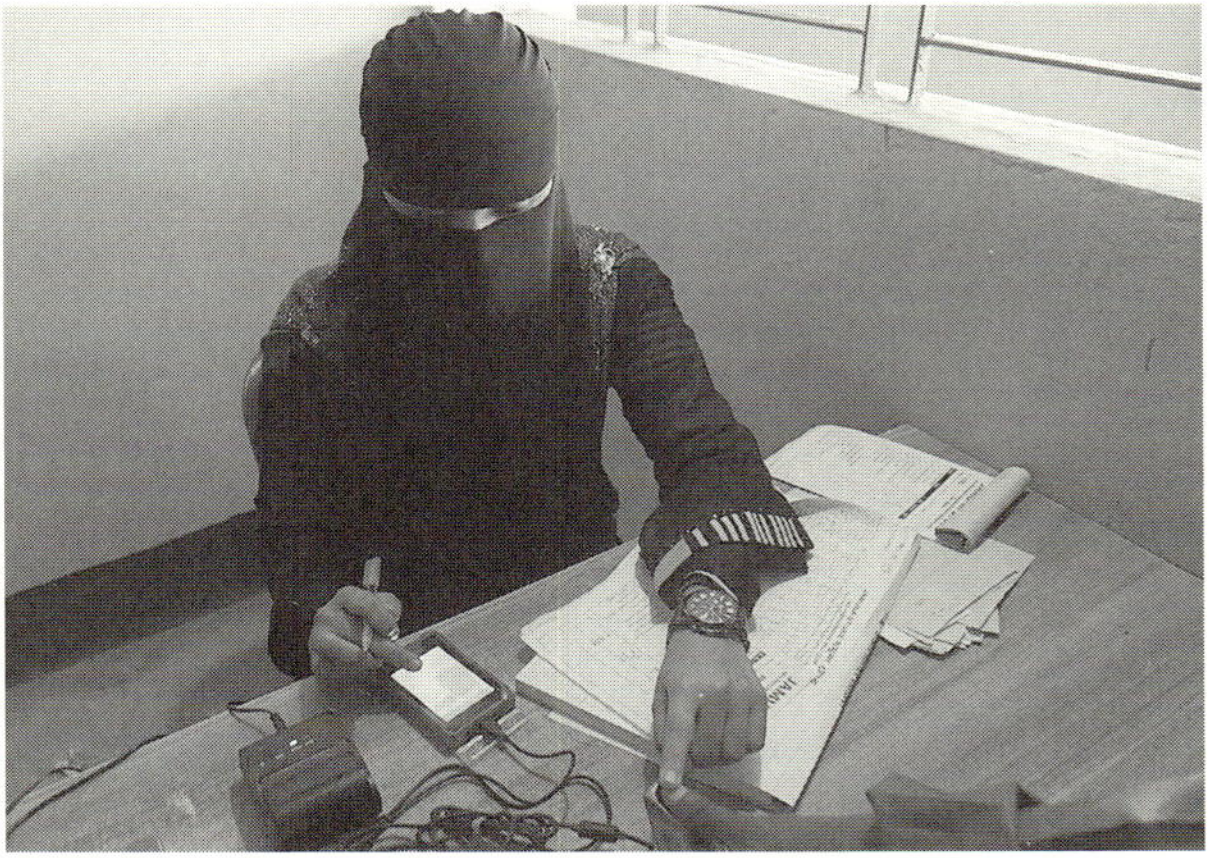

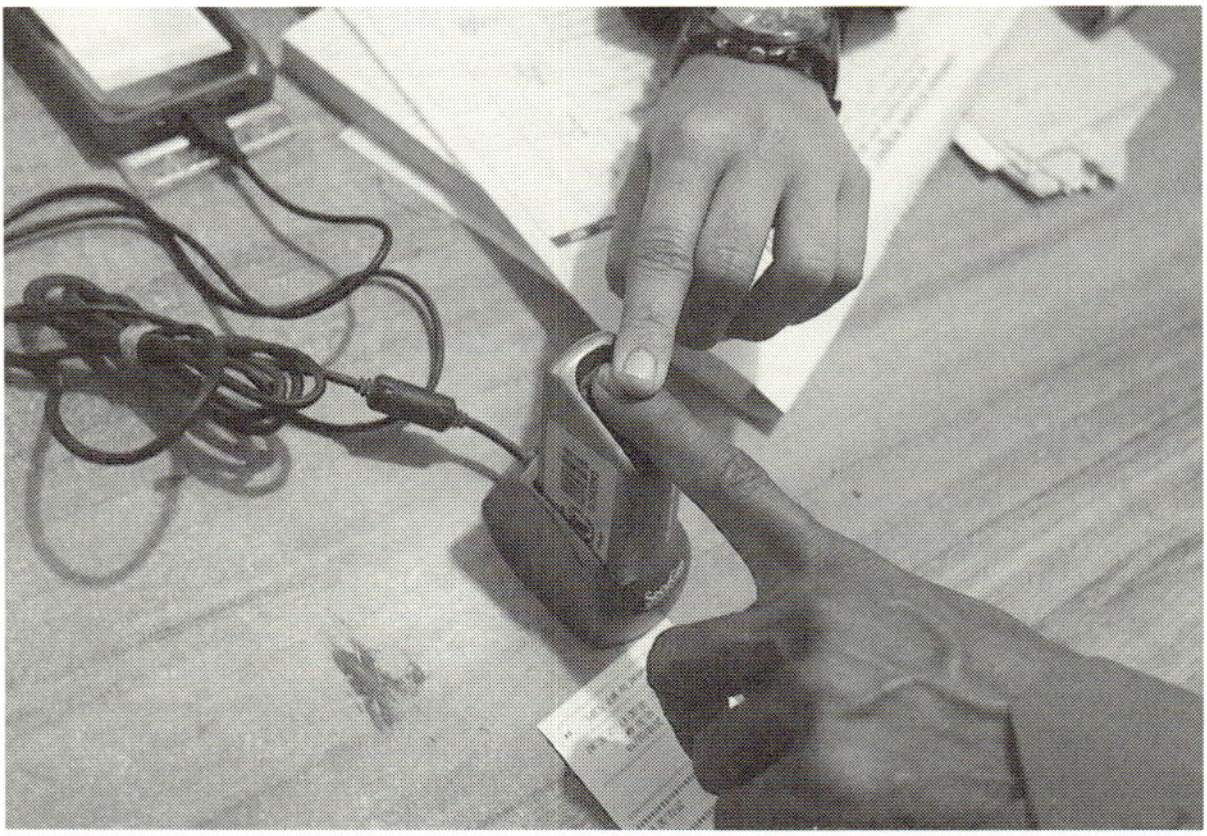

写真 2-11　キャンプに暮らす人たちは，指紋認証や配給カードで，必要な食料等を配布してもらっている(上・下)

写真 2-12　キャンプの配給所でボランティアをする難民たち．玉ねぎ，ジャガイモ，にんにくなどの野菜がみられる（上）．米や豆などの穀物は重いため，配給物資を家まで運ぶのは重労働となる．シングルマザーの家庭には難民ボランティアが配送する仕組みもある（下）

や医療機器(酸素マスク、人工呼吸器、防護服など)が不足し、難民支援機関は急ぎの対応に追われる事態となりました。

難民へのワクチン接種も重要な課題となりました。難民がコロナワクチンを接種できるかどうかは、その難民が逃れた先の国の判断にかかっています。世界中で最も早く難民へのコロナワクチン接種を開始したのは、中東のヨルダンでした。難民だけでなく、難民申請の結果を待っている人も対象で、無料で接種が受けられる体制を整えました。

日本でも難民はワクチン接種の対象となっていましたが、いくつか課題も指摘されました。例えば、在留資格のない難民申請者には自治体から接種券が届かないケースがありました。また、一部の自治体では予約や問診に際して多言語対応をしておらず、予診票を全て日本語で記入する必要がありました。予診票には専門的な用語も含まれるため、日本語の読み書きに不慣れな難民にとっては大きな障壁となります。

病気は人の命に直結するものです。緊急の事態であっても難民の人たちを取り残さないような体制をつくっていく必要があります。

3章
難民問題の背景にあるもの

キャンプ内の市場で野菜を売る少年

◉大学生・スミレの物語3

夏休み、ごろごろしながらSNSを見ていると、学部の同期の投稿が目に留まった。海外でインターンを始めたり、語学研修に行ったり、みんなちゃんとしててえらいなぁ……。私も将来は海外で仕事してみたいとは思うけど、留学とかうちじゃ無理だろうな。私たちの世代は「内向き」と言われることもあるけれど、留学する人はするし、海外旅行もする。要はお金の問題という気がする。

でも、難民として国境を越えるってどんな感じなんだろう。先生の話だと、着の身着のままってことも多いみたいだけど、そんなの無理！って思う。スマホは、持っていけるのかな？　電気ないって言ってなかったっけ？　じゃあ、充電は？　友だちとは会えるのかな？　外のトイレって、なんか怖くない？　それに生理のときはどうするんだろう。想像するだけでゾッとする。そこまでして国境を越えるっていったいどういうこと？

■世界最大級の難民キャンプ

2章では、断片的ではありますが、難民キャンプで生活を送るロヒンギャの人たちの様子を見てきました。2024年現在、ミャンマーの隣国バングラデシュには、99万人のロヒンギャ難民が暮らしています。

ロヒンギャの人たちは、なぜ難民となってしまったのでしょうか。3章ではその経緯をお話ししていきたいと思います。

■そもそもロヒンギャってどんな人々?

ロヒンギャは、ミャンマー西部ラカイン州の北西部に暮らし、イスラム教を信仰する人々です。もともとラカイン州には100万人以上のロヒンギャが住んでいたと言われ、先祖をたどるとベンガル地方(現在のバングラデシュやインドの西ベンガル州)にルーツを持つ人が多いのが特徴です。ベンガル語のチッタゴン方言と似た言語を話し、本人たちはそれをロヒンギャ語と呼んでいます。

ミャンマーは、もともと多民族国家で、人口の7割弱をビルマ民族が占め、公用語はビルマ語です。ビルマとは、かつてのミャンマーの国名です。そして、ロヒンギャ以外にはシャン民族(9%)、カレン民族(7%)、ラカイン民族(4%)など、土着民族といわれる130以上の民族が暮らしています。

しかし、ミャンマー政府は、ロヒンギャを正式な民族として認めておらず、「ロヒンギャの人々は、ミャンマーの国民ではない」と考えています。ロヒンギャの人々は隣の国バングラデシュから、勝手にミャンマーに来て住み始めた人たちだというのです。

1982年にできた国籍法では、ロヒンギャは土着民族、つまり昔からミャンマーにいた民族ではないとされています。この法律では、1823年以前から現在のミャンマーの領土内に住み続けている民族の子孫のみが「土着民族」とされ、「正規の国民」であると定められています。

1824年から始まった英緬《えいめん》戦争により、イギリスはビルマ(当時のミャンマーの国名)を侵略、植民地にしました。1948年に、ミャンマーはイギリスからの独立を果たしますが、この100年以上にわたる植民地化により、ミャンマーには、同じくイギリスに支配されていたバングラデシュやインドからも、多くのイスラム教徒(ムスリム)が仕事を求めて移住しました。その背景には植民地化されたミャンマー国内で労働力が不足したため、それを補うべく、イギリスが移民を歓迎したことがあります。けれどもミャンマー政府は、ミャンマーがイギリスの植民地になったあとに来た人たちは国民として認めない、と規定しているのです。

しかし、ミャンマーの近現代史を研究している根本敬先生によると、ミャンマーに暮らすロヒンギャの起源は、歴史的には15世紀ごろまで遡《さかのぼ》ることができるといいます。そのころ、現在のラカイン州とバングラデシュ南部にまたがる領域にはアラカン王国という仏教王朝がありましたが、その王都（現在のラカイン州ムロハウン）にはベンガル地方出身のムスリムも住み、中には王宮の重要な役職に就いていた人もいたという記録が残っているのです。つまり、ロヒンギャの人々の中には、1823年よりも前からミャンマー国内に住んでいた祖先を持つ人もいるという、歴史的な事実があることになります。

こうした歴史を顧みず、「1823年よりも前から祖先が住んでいないとその国の国民とは認めない」と定められた法律によって、現在でもロヒンギャの人たちにはミャンマー国籍が与えられず、代わりに外国人証明書が配布され、「よそ者」として扱われているのです。

■ロヒンギャの人々に対するミャンマー国民の気持ち

また、ロヒンギャという民族の存在を認めていないのは、ミャンマー「政府」だけではありません。多くのミャンマー「国民」も、「バングラデシュからの不法移民が勝手にロヒンギャという民族名称を作って、ミャンマー国民としての権利を主張している」と考えてきました。

ミャンマー人の多くがロヒンギャの人たちのことを「あいつらはベンガル人」となかば侮蔑的な意味合いを込めて呼ぶのは、ロヒンギャの人たちの祖先がベンガル地方から移住してきた歴史的経緯があるからです。ロヒンギャ＝自分たちミャンマー人とは違う、不法に移住してきた「よそ者」というイメージが家庭や学校での教育、メディア報道を通じて語り継がれてきたのです。

その他にも、ロヒンギャの人々の外見が一般的なミャンマー国民と異なっていて、肌の色が浅黒く彫りの深い顔立ちであることや、ミャンマー国内の公用語であるビルマ語を上手に話せない人が多いこと、さらに信仰する宗教が違うことも、人々の差別意識を助長しています。

■なぜ迫害されるようになってしまったの？

ここから、ロヒンギャの人たちが迫害されるようになった歴史を少し振り返ってみましょう。1948年にイギリスから独立したミャンマー(当時は、ビルマ)では、しばらくの間、ロヒンギャが差別的に扱われることはありませんでした。当時はロヒンギャも比較的簡単に国籍を取得することができましたし、ロヒンギャ語によるラジオ放送が認められていた時期もありました。

しかし、1962年に起こったクーデターによって、国の軍隊(国軍)が政治を動かすようになると、ミャンマーの社会は大きく変わりました。まず、国内人口の約7割を占めるビルマ民族を特別扱いするようになりました。

一方で、「ビルマ式社会主義」という経済制度を導入し、外国企業を国有化しました。また、商業や金融で、それまで重要な役割を果たしていたインド系や中国系の人々の経済活動を禁止し、彼らを〝よそ者〟として排除していきました。その結果、多くのインド系の人々は、ミャンマーで生まれ育ったにもかかわらずインドへ追い返され、さらに少数民族の人々は、自治権が奪われるとともに、様々な権利が制限されるようになりました。こうした政策のもと、ミャンマーの中でとりわけ言語や宗教が異なる少数派のロヒンギャは、徐々に差別の対象となっていきました。武力を持った国軍による暴行や強制労働から逃れるため、1978年には20万人以上のロヒンギャが、バングラデシュへと避難しました。

1982年、ミャンマーで国籍法が改正されました。この法律は「土着の民族だけが国民である」と定めており、この中にロヒンギャの人々は含まれませんでした。結果、多くのロヒンギャが国籍を失う危機に直面しました。実際に国籍を失うことになったのは、2014年の人口調査の時でしたが、その根拠となったのは、前述した国籍法の改正でした。以来、ロヒンギャの人々への迫害は今も続いています。

■2017年、なぜ大量のロヒンギャが難民に？

ミャンマーの政治体制が変わっても、ロヒンギャの人々は常に危険にさらされ、基本的な権利を奪われ続けてきました。彼らは財産を不当に奪われ、教育を受ける機会も制限され、時には命の危険すらある状況に追い込まれてきたのです。

そうした中、2017年8月25日、ARSA《アルサ》と名乗るグループが、ラカイン州で、警察と軍の施設をナタや竹槍《たけやり》などの武器を使って襲撃する事件が起こりました。ARSAは、長年にわたってミャンマー国内で差別・攻撃を受けているロヒンギャの人々の一部が、過激な思想を基盤にして、力には力で対抗しようとして結成したグループです。襲撃の際ARSAは、迫害によって苦しんでいるロヒンギャの農民たちにも協力を呼び掛け、参加を促しました。

この時の戦闘で、ロヒンギャ側には400人近い死者が出たとされています。それに対して、武力で勝るミャンマー国軍側の死者は十数人でした。

ARSAは「アラカン・ロヒンギャ救世軍」の略称で、パキスタン生まれのロヒンギャによって結成されました。ARSAの主な目的は、ロヒンギャの人々にミャンマーの国籍を与えることだといわれています。

ミャンマー国軍は、2017年8月のARSAの攻撃をロヒンギャ全体によるテロ行為だと判断し、ロヒンギャの村々を焼き討ちにし、ARSAとは無関係な一般の人々をも殺害しました。また、多くの女性たちが性暴力の被害に遭いました。国際NGO「国境なき医師団」の報告によると、わずか1カ月間で少なくとも6700人のロヒンギャが殺害されました。

その後も国軍によるロヒンギャの村々への焼き討ちは、繰り返し行われました。住む家を焼かれた人々や命を奪われまいとする人々は、隣国のバングラデシュなど国外へと脱出を始めました。

その結果ミャンマーとの国境近くにあるバングラデシュのコックスバザール県には、ロヒンギャが生活する大きな難民キャンプができたのです。

ARSAが攻撃を仕掛けてからおよそ2カ月後の2017年11月、そのキャンプに、パッテン国連事務総長特別代表が訪れました。パッテン氏は、ミャンマー国軍が組織的に残酷行為を行ったことを批判し、また、ロヒンギャの女性に対して行った集団での性暴力などを「人道に対する罪」として強く非難しました。

「人道に対する罪」とは、一般市民に対する大量殺人、虐待、追放などの暴力行為や、政治的意見、人種、宗教の違いを理由とする差別や攻撃を指します。通常、殺人や性暴力はミャンマーの法律でも禁止されています。しかし、ミャンマーでは国軍が特権を有していて、法律が一般人だけでなく、権力者も裁くという当たり前のルールが徹底されていません。そのため、国連のような国際的な機関が「これは国軍によるロヒンギャの大量殺人で、人道に対する罪だ」と警告することで、事態の深刻さを世界に訴え、早急な対応を求めたのです。

ロヒンギャ問題だけでなく、本来守ってもらえるはずの国から追い出されることで発生する難民問題の背景には、なにかしらの「人道に対する罪」が存在しているといえます。

■軍の掃討作戦を擁護したのは?

2017年8月の戦闘以降、ミャンマー国内では変化があったのでしょうか。

多くのロヒンギャが軍事行動による犠牲となり、バングラデシュへの避難を強いられた事態に対して、残念ながらミャンマー国内からこれを人道的に問題視する声はほとんど聞かれませんでした。軍が強い力を持つ国では、軍の行動に反対の声を上げることは極めて困難です。ロヒンギャを支持する人物と見なされれば、自らも弾圧の対象となる危険性があるためです。さらに、ミャンマー国軍による世論操作も効果を上げ、その結果、国民の多くがARSAとロヒンギャの人々全体を同一視し、「危険なテロリスト」として恐れるようになってしまったのです。

こうしたミャンマー国内の状況とは対照的に、国際社会ではロヒンギャへの人権侵害に対する批判が高まっていきました。

2019年11月、ミャンマーは国家としてジェノサイド条約(集団殺害罪の防止及び処罰に関する条約)に違反したとして国際司法裁判所(ICJ)で裁判にかけられ、国家顧問兼外務大臣のアウンサンスーチー氏が法廷に出廷しました。ジェノサイドとは、特定の民族や宗教集団を意図的に全部または一部破壊しようとする行為を指します。つまり、組織的かつ計画的に大量の人々を殺害することを意味します。その場でアウンサンスーチー氏は「一部で軍の行き過ぎはあったものの、ジェノサイドはなかった」と答弁し、被害者であるロヒンギャと国際社会を失望させました。

ノーベル平和賞受賞者で、ミャンマーの民主化を象徴する存在であったアウンサンスーチー氏は、過去にはロヒンギャへの差別的な法律を変える必要性を訴えたり、問題解決に向けて調査団を組織するなど、ロヒンギャ問題を解決しようとする姿勢を見せていました。

それではなぜ、彼女は2017年の国軍による虐殺行為をかばうような発言をしたのでしょうか。それは、ミャンマー政治の仕組みと関係しています。2011年以降、民政移管が進み、国民が選挙で自分たちの代表を選ぶ民主主義の仕組みができあがったように見えていたミャンマーですが、実際は国軍の権限が非常に強い状況にありました。

そのため、2016年に与党(政権を握っている政党)のトップに就任したアウンサンスーチー氏は、ロヒンギャ問題で、国軍の立場に立って発言することで、国軍との対立を避けようとしたと考えられます。

加えて国民が「反ロヒンギャ」感情をもっているという事実も、国民からの支持が頼りであったアウンサンスーチー氏の動きを鈍らせました。形の上では民主国家である以上、アウンサンスーチー氏が国のトップであるためには、選挙で彼女が率いる政党が勝つ必要があります。

ロヒンギャに差別意識をもっている国民にも投票してもらわないと、ますます軍の力が強くなってしまい、民主化が後戻りしてしまうかもしれない状況で、アウンサンスーチー氏はロヒンギャを差別する人々や弾圧する軍を強く批判することができなかったと言えます。

2021年2月、軍事クーデター勃発

ロヒンギャ問題で国際社会から注目を浴びたミャンマーでは、2020年11月に総選挙が行われ、アウンサンスーチー氏率いる民主派政党「国民民主連盟（NLD）」が大勝し、軍人による政党は惨敗しました。国軍の幹部らはその選挙結果を受け入れずに反発し、国会が始まるはずだった翌年の2月1日に軍事クーデターを起こしたのです。

国軍トップのミンアウンフライン総司令官が政権を握ると、国は大きな混乱の渦に巻き込まれていきました。まず、アウンサンスーチー氏を含めた多くの民主派政治家がその日のうちに拘束され、国家の統制は軍の手に落ちました。民主派による懸命な抵抗にもかかわらず、軍は市民に対して激しい暴力を行使し、正当な理由なく多くの人々を拘束しました。

ビルマ政治囚支援協会（AAPP）によると、2024年12月の段階で6000人以上の命が軍によって奪われています。空爆や放火も繰り返されており、もともと住んでいた場所を

離れ、山奥やジャングルで身を隠している避難民の数も数百万人にのぼります。

バングラデシュに避難していたロヒンギャにとって、自分たちへの迫害を主導し、村々を焼き払って追い出したミャンマー国軍が政権を掌握《しょうあく》したことは、故郷への帰還の希望を打ち砕くものになりました。

そのため、将来に希望が見いだせなくなったロヒンギャの人々は、新たな活路を求めてキャンプからの脱出を試みるようになりました。UNHCRの発表によると、2022年の1年間で、海を渡って東南アジアなどの国々に逃れようとしたロヒンギャの数は3500人以上にのぼります。前年2021年に同様に逃れようとした人の数が700人前後であったことを考えると、大きく増加していることが分かります。また、明らかになっているだけで100人以上が他国にたどり着くことなく海上で命を落としています。報道されない事案も含めると、実際の犠牲者数はもっと多いと推測されます。

■ミャンマー国軍と日本政府の関係

ロヒンギャ、そして他のミャンマー国民を苦しめている軍に対して、国際社会からも非難が高まっています。2017年のロヒンギャ難民発生以降、EUはミャンマーへの武器の輸出・輸入を禁止する制裁(自由を制限する措置)を強め、アメリカはミャンマー国軍高官の、アメリカへの入国を禁止する措置をとりました。

また2021年のクーデター以降も、EUとアメリカはそれぞれ、ミャンマーのクーデターに関与した国軍幹部や国軍がからむ事業に制裁を下す対応をとりました。EU、アメリカだけでなく、イギリスやカナダ、オーストラリアなど、世界各国がミャンマー国軍に対して厳しい姿勢を見せているといえます。

一方、日本はロヒンギャ難民危機やクーデターを問題視しつつも、欧米諸国とは異なるアプローチを取りました。ミャンマー国軍を強く非難する欧米諸国に対し、日本は対話を重視する穏健な外交戦略を取り、国軍との関係悪化を避けたいという思惑から、国軍への批判を極力避けたのです。

こうした独自外交の背景には、ミャンマー国軍と日本政府の間の長きにわたる友好関係が存在します。第二次世界大戦中には、アウンサンスーチー氏のお父さんであるアウンサン氏らが、日本軍の指揮の下で動いたビルマ独立義勇軍を中心に、日本軍と協力してイギリス軍と戦いました。日本政府はこの歴史的つながりを重視し、国際社会からミャンマー国軍が非難されるような場面でも、しばしばミャンマー国軍を支持する立場をとってきました。

　また、日本政府は、こうしたミャンマー国軍との友好関係を活かし、道路などのインフラ整備を中心とした様々な開発支援（ODA：政府開発援助）を実施してきました。ミャンマーにとって日本は最大の援助国の1つでもあります。

　日本政府には、開発支援をすることで、日本企業のミャンマー進出を後押しすると同時に、日本の外交的な影響力を強めたいという狙いがありました。これらの事業の多くは日本企業を通じて実施されたので、日本経済にも好影響をもたらしてきました。国軍との親交を続けながらミャンマーの発展を日本企業の技術で支援し、その利益が日本経済にも回ってくるという、お互いにメリットのある関係性ができていたといえます。

■日本政府の開発支援は誰のため？

　2017年のロヒンギャ難民危機以降、ミャンマー国軍に対する国際的な非難が高まる中、日本の対ミャンマー開発支援政策が、国際社会から厳しい目で見られるようになりました。特に問題視されたのは、日本が軍と関連のある企業と共同でプロジェクトを実施していた点です。大規模な道路整備などの開発支援プロジェクトでは、巨額の資金が動きます。その建設費の一部がミャンマー国軍の関連企業に流れていたことが明らかになり、国際的な懸念《けねん》を招きました。ミャンマー国軍が、日本の援助プロジェクトで得た利益を使って実際に武器を購入したかどうかは分かりませんが、日本の援助が間接的に軍の財政基盤を支える結果になっていたことは事実です。2021年の軍事クーデター以降も、日本は開発支援プロジェクトを継続し、これに対して国際社会から多くの批判的な声が上がりました。軍事政権と関係の深い地元企業と契約を結んで開発事業を行うことは、軍への資金流出のリスクが高いだけでなく、軍事クーデターを事実上容認することにもなりかねないからです。

確かに、50年以上も続く日本の開発援助がミャンマーの人々の生活向上に寄与してきた面もあります。橋や道路、灌漑《かんがい》施設、発電所などのインフラ整備に加え、教育支援や病院建設、疾病対策を通じて、ミャンマー国民の生活改善に貢献した部分は否定できません。

しかしながら、その支援が結果として軍事政権の存続を助けることになっているのではないか、という根本的な問題を私たちは直視する必要があります。

こうした政府による開発支援のあり方が問題視される中、企業の対応も批判の対象となっています。2022年5月、イギリスのNGO「ビルマキャンペーンUK」が発表した調査によると、ミャンマー軍のビジネスや人権侵害に関与している世界の企業・団体の中に、17の日本の企業・団体が含まれていることが明らかになりました。これらの企業が軍関連企業と取引を続けることは、結果として軍事政権に資金が流れ、人権侵害を続ける軍の活動を間接的に支えることになります。企業には、人権尊重の観点から、ミャンマー国軍との関係を見直し、軍事政権に利益が流れない事業形態への転換が求められています。

クーデター以降のかすかな希望

２０２１年のクーデター以降、ロヒンギャ難民は、帰還の道筋が更に不透明になりました。しかし、こうした状況の中で、かすかな希望も生まれました。それは、民族の垣根を超えたつながりです。クーデターを通じて国軍の残虐性を直接経験したミャンマー国民の中で、ロヒンギャの人々が味わってきた苦難への理解が深まり、民主化に向けて共に闘おうという機運が高まっています。ＳＮＳ上では、これまでロヒンギャ問題に無関心だったことを謝罪するミャンマーの著名人による投稿が見られるようになりました。政治の場でも、国軍に対抗する民主化勢力が団結してロヒンギャの権利を擁護しようとする新たな動きが始まっています。

もちろん、ミャンマー国民の持つロヒンギャへの差別意識や、ロヒンギャの人々がミャンマー国民や政府に抱く不信感は、一朝一夕に取り除くことはできません。しかし、ロヒンギャの人々が迫害されることなく、ミャンマー国民として他の民族とともに暮らす未来が、ミャンマーの人々の手によって描かれようとしていることもまた事実です。

そんな日が一日も早く訪れるよう、国際社会にはロヒンギャの人々への継続的な支援と、ミャンマーの民主化促進に向けた取り組みが求められています。

ゼミで深掘り・3

2章に続き、学生のみどりさん、はるとさん、そしてのり先生の3人で「ロヒンギャ」について考えていきたいと思います。

みどり　ミャンマーの軍隊によるロヒンギャの人たちへの暴力はもってのほかだけど、言葉と差別的な政策でロヒンギャの人たちをいじめて、追い詰めたミャンマーの人たちもひどくないですか？

のり先生　そうかもしれません。日本でもヘイトスピーチなどが問題になりますよね。でも、私たちも誰かがやっているのをいけないことだと思っても、声をあげるには勇気がいるのではないでしょうか。時には、ヘイトスピーチの内容の一部に納得してしまったり、「そうだよね」と賛成してしまったりすることもあると思います。

みどり　確かに、いじめられる側にも問題ある、って思っちゃうこともあるかも。

のり先生　日本社会は特に「空気」を大切にする同調圧力、「あなたも周りの人と同じ意見だよね」という雰囲気の強い社会ですので、その和から外れた少数の人を無意識のうちに差別する傾向があるのかもしれません。

みどり　つまり、日本でも無意識に民族差別をしているということですか？

のり先生　そうかもしれません。在日朝鮮人に対する差別などは、日本でもＳＮＳや一部の政治家の発言などによって助長されたりしますよね。テレビに出るような人が言うと、あ

たかもそれが真実であるかのように受け取ってしまうことがあります。

はると　もう1つ怖いなと思ったのは、日本企業や政府からの海外援助のお金がミャンマー国軍に回って、ロヒンギャや民主化を求める人たちへの攻撃にも使われているかもしれないってこと。知らないって怖いと思いました。

のり先生　知らなかったでは済まされない事態ですよね。でも実はロヒンギャの村が軍によって攻撃される何年も前から、日本のNGOなどがこの問題を社会に訴えていました。こうした情報はSNSなどを通じても得られますので、私なんかよりもよっぽどSNSに漬かってる皆さんのほうがアンテナをはりやすいと思います。

みどり　「漬かってる」ってなんですか。私たちにとってSNSは日常なんですよ。

のり先生　で、ですよね。でもSNSって皆さんが興味のある内容しか表示されないようにうまくできているんです。ミャンマーの反ロヒンギャ感情は、SNSを通じて一気に広まったわけですので、それを意識したうえでうまく使う必要があると思います。

はると　SNSで難民問題の情報を得ながらも、SNSで流れてくる情報を簡単に信じてはいけないってことか。難しいな。

のり先生　悩んだ時は、図書館で本や新聞など紙で出版されたものを調べてみるといいですよ。ＳＮＳと違って何人もの人がチェックして初めて印刷されますので、ＳＮＳに比べるとまだ信頼がおける情報が得られると思います。また同じ内容のことでも、違った新聞社の記事を読み比べてみると、こんな意見もあるのかと複数の視点が得られるので、理解が深まると思います。

はると　新聞を2つ以上読むのって結構お金かかりそうですね……。

のり先生　学校の図書館には必ず複数の新聞が入ってますし、図書館のパソコンでは記事の検索もかけられるのでとっても便利です。

はると　そうなんだ。次、先生の授業だから、図書館に行ってみようと思います！

のり先生　それがいいですね。ん？？？

コラム③

ＳＤＧｓ目標４「質の高い教育をみんなに」×難民問題

ＵＮＨＣＲの報告によれば、世界の難民の子どもたちの教育状況は憂慮すべき状態にあります。学齢期にある難民の子どもたち１４８０万人の半数近くが、いまだに学校に通えていない

写真 3-1　キャンプ内の学校はユニセフや NGO によって運営されている

写真 3-2　マドラサ(イスラム神学校)で授業を受ける子どもたち(上・下)．キャンプ内ではマドラサによる教育は禁止されているが，黙認されているケースが多い

のです。実際、難民の子どもたちのうち就学前の教育を受けられている子は37％、初等教育は65％、中等教育は41％にとどまっています。

さらに深刻なのは高等教育へのアクセスです。高い授業料などが障壁となり、高等教育を受けられる難民は世界全体でわずか7％に過ぎません。この数字は、難民の若者たちが直面している教育格差の深刻さを如実に物語っています。

第2章で紹介したロヒンギャ難民キャンプでは、2017年に大勢の難民がバングラデシュに避難してから2年以上もの間、キャンプで暮らす子どもたちは教育を受けることができませんでした。「ベンガル語などバングラデシュの教育をロヒンギャに受けさせると、ロヒンギャがそのままバングラデシュに住み着いてしまうかもしれない」と恐れたバングラデシュ政府が、教育のための支援を禁止したためです。

転機が訪れたのは2020年1月のことでした。バングラデシュ政府がようやく、ミャンマーのカリキュラムに基づいた教育をロヒンギャに提供することを承認しました。しかし、その直後に新型コロナウイルス感染症の蔓延《まんえん》により、せっかく開設された教育施設は一時閉鎖を余儀なくされました。ロヒンギャ難民キャンプの特殊な環境も、教育の継続を一層困難にしました。インターネット接続の不安定さに加え、パソコンやタブレットはほとんど存在しません。そのため、多くの国や地域で実施されたオンライン授業は、ここでは現実的な選択肢とはなり

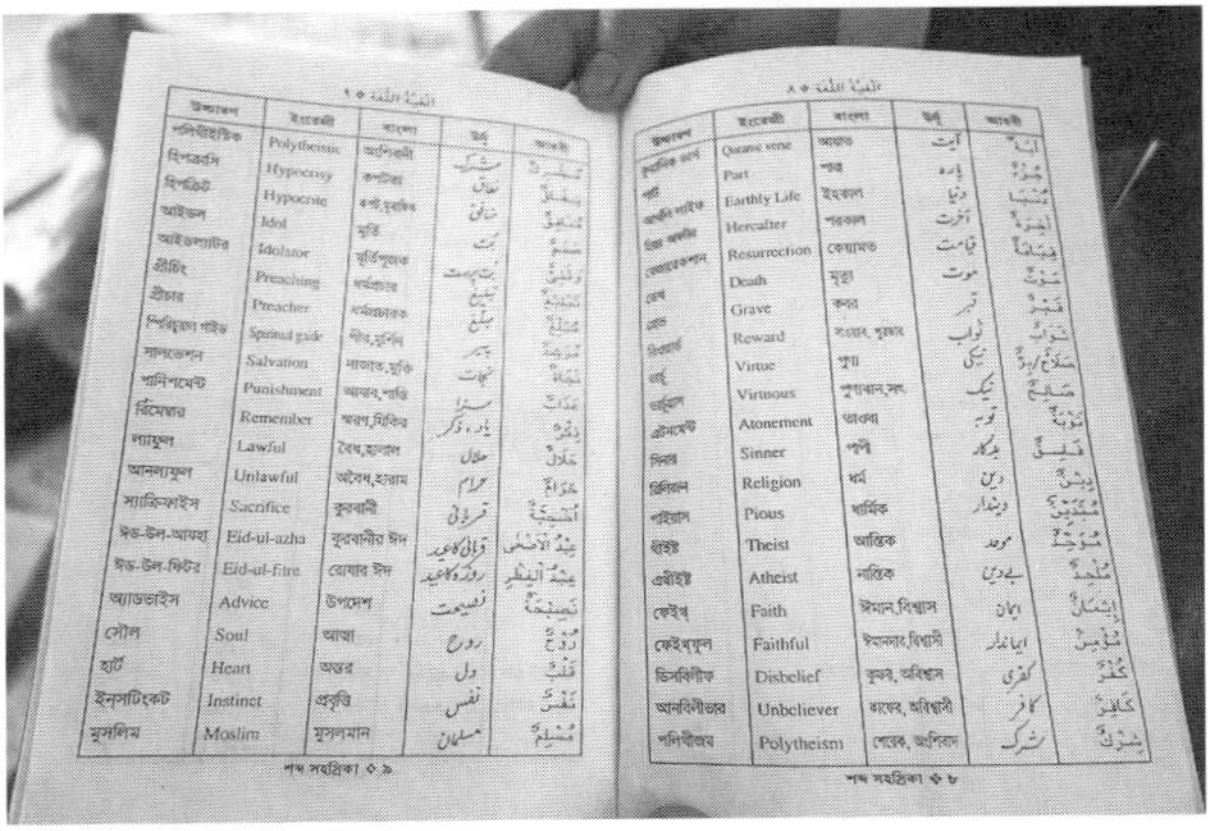

写真 3-3　マドラサでは，小さい子どもたちも教科書を広げて，授業をきく(上)．英語発音，英語，ベンガル語，ウルドゥー語，アラビア語で単語が書かれた辞書(下)

ませんでした。

厳しい状況が続く中、国際機関や難民支援団体の尽力により、状況に僅かな光明が差し始めたのは、2021年末のことでした。1万人のロヒンギャの子どもたちがミャンマーのカリキュラムに基づいた教育を受け始めることができるようになったのです。この教育を通じて、彼らは将来、故郷のラカイン州に帰還した際に役立つ言語能力や知識を身につけることが可能となりました。

ただし、現在バングラデシュのロヒンギャ難民キャンプで提供されている教育は、ミャンマーの政府から正式に認められたものではありません。そのため、今のままではいつかロヒンギャがラカイン州に帰れたとしても、キャンプの中で受けた教育は無効とされてしまう可能性があります。これでは、たとえ難民キャンプで高校の授業を全て受け終わったとしても、「ロヒンギャ難民は教育を受けたことがない」とみなされ、将来就職したり大学に通ったりすることができなくなる場合があるのです。

緊急事態の中でも、子どもたちには教育を受ける権利があります。難民が将来自分の国に戻ったときに、避難先の国で受けてきた教育が認められるよう、長期的な視点に立った働きかけが必要とされています。

4章
日本に逃れてやってきたロヒンギャ難民

テントの前で

◉大学生・スミレの物語4

「今日から、シフトに入る新人のダオさん。慣れるまでフォローをよろしくね」

バイト先で制服に着替えてフロアに出ると、店長に声をかけられた。店長の隣に立つ女の子と目が合った。

「ダオです。よろしくお願いいたします」

日本語だけど、イントネーションが違う。どこの国の人だろう？　会話は大丈夫なんだろうか？　注文はお客さんから聞いてタブレットに入力するだけだけど……。ずっとついているのは面倒だし。でも、大丈夫かなぁ。うわぁ、心配になってきた。

ある少女の体験

ここまでの章で、人々がなぜ難民となるのか、そして難民となった後の生活はどのようなものなのか、少しでもイメージすることができたでしょうか。本章では、12歳でミャンマーから日本に渡ってきた、1人のロヒンギャの少女をご紹介します。

彼女の名前は、ルリカさんといいます。ミャンマーの西部、海岸沿いにあるラカイン州で生まれました。

ルリカさんが生まれた頃、ミャンマーではすでに、ロヒンギャへの迫害が深刻化しており、一方でそれに対抗して権利を求めて活動するロヒンギャたちもいました。ルリカさん一家は、このような状況下で身の安全を守るため、ロヒンギャであることを隠して生活していました。

しかし、高校の教師をしていたルリカさんのお父さんは、ある日政府から追われる身となってしまいます。このままミャンマーにいれば命の危険があると思ったお父さんは、海外に逃げることを決意します。とはいえ、家族全員で移動すれば目立ってしまいます。もし軍に見つかれば、お父さんだけでなく家族全員が殺されてしまう危険性がありました。そのため、お父さんは1人でミャンマーを出ることを決め、渡航先に日本を選んだのです。

ルリカさんは、当時3歳でした。12歳で自分も日本に渡るまでの9年間、お父さんと離れて暮らすことになったのです。お父さんが日本に渡った後、ルリカさんのお母さんは家や畑などを売りはらって現金をつくり、家族を連れて首都ヤンゴン(当時。二〇〇六年にネピドーに移転)に移り住みました。

引っ越しは、前から決めていました。お父さんを探す国軍兵士が度々家に来るため、常に恐怖に怯《おび》えていたからです。そもそもロヒンギャが多く住むラカイン州は、ミャンマーの中でもロヒンギャへの迫害が特にひどく、教育や医療を受けることもままなりませんでした。そのようなラカイン州に住むより、ヤンゴンの方が子どもたちを安全に育てられると、お母さんは考えたのです。

お母さんが一生懸命働いてくれたおかげで、ルリカさんは比較的不自由なく生活することができました。しかし、ロヒンギャであることを理由に、差別を受けた経験は少なくありません。例えば、通っていた小学校で、ルリカさんは度々「カラー」と呼ばれました。「カラー」とは、ミャンマー語でインド系の人々を差別する際に使う蔑称《べっしょう》です。

「そこのカラー、教科書の10ページを読みなさい」

ルリカさんは日常的にそう呼ばれ、それは先生にとっても、クラスメイトたちにとっても、当たり前のことでした。ある日、一緒に歩いていた友だちが、ルリカさんの目の前で母親から「カラーと友だちになる必要はないよ」と注意されたこともありました。ミャンマーに住んでいた頃を振り返り、ルリカさんは、先生や周囲の大人たちが差別の加害者だったと語っています。

しかし、なぜルリカさんはこのような差別を受けなければならなかったのでしょうか。仏教国のミャンマーでは、お寺が学校を運営していることが多く、ルリカさんの学校でもほとんどの先生や生徒が仏教徒でした。仏様《ほとけ》に対するお唱えや募金活動、お坊さんの送迎などをお寺が学校に依頼し、それを生徒が行うことがよくありましたが、異なる宗教を信じているルリカさんはこれらの依頼をいつも断っていました。そのため、先生たちによく思われていなかったのです。ルリカさんの他にも、ヒンドゥー教徒の生徒がいましたが、彼も同じように、差別的な扱いを受けていたそうです。

幼いルリカさんにとって、周囲の大人に逆らうことはとても怖いことでした。「カラー」と呼ばれることが嫌でも、「やめてください」と言うことはできませんでした。

■お父さんのいる日本へ

ルリカさんが12歳のとき、大きな転機が訪れます。ミャンマーでは、12歳になると「国民カード」というものが、一人一人に配布されます。そのカードを持っていればミャンマー国民である、という身分証明書にあたるものです。12歳になったルリカさんは、他の生徒と同じように学校でカードの申請をしました。しかし、なぜかルリカさんだけ受け付けてもらえません。理由は、ルリカさんがロヒンギャであるためだと説明されました。

国民カードをもらえないということは、ミャンマー国民として認められていないということです。幼かった当時のルリカさんは、ミャンマーでロヒンギャが置かれている状況も、お父さんが日本に渡った理由も、よく理解していませんでした。自分の居場所はミャンマーにあると思っていたのに、ロヒンギャというだけでのけ者にされ、ルリカさんはとても心細かったといいます。この国民カードのことがあって、ルリカさんは、初めてお母さんから自分たちが置かれている状況について聞きました。その後ほどなくして、お父さんが日本で在留資格を得たため、ルリカさん一家は、家族みんなで日本へ移り住むことを決めます。

しかし、本当に日本に行けるのか、ルリカさんは不安を感じていました。実際、学校の先生たちは、「どうせカラーは日本になんて行けず戻ってくるんだ」とひどい言葉をルリカさんに投げかけました。

様々な書類を必死で集め、日本行きが決まると、ルリカさんはお世話になっていたおじさんに最後の別れを告げ、家族と共に日本へ向かいました。そして、飛行機の乗り換えで立ち寄ったタイで、ルリカさんは9年ぶりにお父さんと再会します。3歳の頃からずっと会っていなかったので、とても緊張し、うまく言葉を交わすことができなかったそうです。

その後、一家は日本行きの飛行機に乗り込みました。日本に到着すると、入国審査を受けることになります。ルリカさんは入国審査を無事に通過し、日本での生活が始まりました。

当時、ルリカさんのお父さんは、日本に先に来ていた知人を頼り、群馬県の館林市《たてばやしし》に住んでいました。館林はロヒンギャの人々が多く暮らす地域で、現在でも400人ほどが暮らしています。

ゆっくり新しい生活に慣れる時間もなく、お父さんが借りていた館林の家に着いて3日ほどで、ルリカさんは学校に行くことになりました。知っている日本語は、お父さんに教えてもらった「こんにちは」だけです。小学生が保護者なしで登校すること、校庭が広くて遊具があること、1人1つの机……。日本の学校は、ルリカさんにとって全てが新鮮でした。ドキドキしながら教室に入り、先生に紹介してもらって、日本での学校生活が始まりました。クラスメイトたちは、海外からやってきた新しい生徒に興味津々だったようです。

しかし、この時既に11月でした。12歳で日本に来たルリカさんは、言葉もほとんど理解できず、学校からの特別なサポートもないまま、わずか3カ月ほどで小学校を卒業することになりました。

■ずっと1人だった中学生時代

ルリカさんは、市役所の決定に従い、市内にある公立中学に進みました。しかし、まだ日本語もおぼつかない状態でした。また、そうした生徒への公的な支援もありませんでした。しかも、似たような境遇の生徒もいない環境でした。そんな中で、ルリカさんは中学校生活を始めることになったのです。

「つまずいたなって思ったのは中学校1年生の後半くらい」

ルリカさんはそう振り返ります。中学校に進学して最初のうち、ルリカさんは、まだ日本語が分からず、苦労していました。家でも学校でも必死に勉強していましたが、クラスメイトに話しかけられても、なかなかその言葉を理解することができません。

また、友だちを作ろうにも、日本とミャンマーの友人関係の築き方は大きく違っていました。日本では家が近い子ども同士が一緒に登下校したり、ある程度大きくなれば、子どもだけで放課後や休日に遊ぶようになります。しかしミャンマーでは、学校の行き帰りや友だちと遊ぶときも、親が一緒にいることが当たり前です。この「子ども同士だけで仲を深める日本」と「親も一緒に仲良くなるミャンマー」の文化の違いに、ルリカさんは戸惑《とまど》いました。

そして、言葉や友だちの作り方が分からないまま、気が付いた時にはクラスにはグループができていました。

「その時、もう自分のまわりには、自分をからかってくる人しか残っていませんでした」

ルリカさんはそう語ります。クラスには日本人の生徒と肌の色や顔つきが違うことや、日本語を話せないことを理由に、ルリカさんを馬鹿にする生徒がいました。何と言っているのか正確に分からなかったため、相手にしていなかったルリカさんですが、嫌なことを言われているのは感じ取れたため、不安を抱えていたといいます。

中学2年生のクラス替えで、からかってくる人たちがほとんど別のクラスになったので、ルリカさんはほっとしていました。ところが、数日後、思わぬ出来事が起こります。その日、ルリカさんのクラスでは、学級委員を決めるための投票が行われました。1人1票ずつ、学級委員になってほしい人の名前を紙に書いていき、先生がその票を開けていくと、ルリカさん以外のクラスメイト全員が、ルリカさんの名前を書いていたのです。

「日本語もあんまり分からない私を、どうして学級委員に選ぶんだろう？」

とルリカさんは不思議に思いましたが、それがいじめだとはすぐに気がつきませんでした。

家に帰って学級委員になったことを話すと、お母さんも喜んでくれました。

次の日から、ルリカさんはクラスメイトを背の順で整列させたり、教室の中のものを整理整頓したり、全員分のプリントを回収して職員室に持っていったりと、様々なクラスの仕事をしなければならなくなりました。しかし、まだ日本語をうまく話したり聞き取ったりできないルリカさんは、学級委員の集まりで説明を受けても、なかなか内容を理解できません。「プリントをとりに行く」という言葉も、動物の「鳥」のことだと思ってしまい、意味がわかるのに2時間近くかかってしまいました。

それでも、ルリカさんは学級委員の仕事に懸命に取り組みました。しかし、一生懸命「整列」と呼びかけても、片言の日本語を話すルリカさんのことを、みんなが笑いました。ルリカさんのクラスだけ整列したり移動したりするのが遅れたので、放課後に先生から注意を受けたこともありました。

「みんな、私を困らせたかったんだ」

いじめの始まりを悟ったルリカさんは、1週間後、勇気を出して先生に相談しました。日本語の勉強をしなければならない、授業についていくために予習や復習もしないといけない、1年後には受験勉強も控えている……。日本語で上手に説明することは難しかったものの、やっぱり自分に学級委員は難しいということを、ルリカさんは精一杯、先生に伝えました。

「クラスのみんなで決めたことだから、先生たちには何もできないよ」

半分笑ったような顔で、先生にそう言われました。支えてくれると思った先生に突き放され、ルリカさんは大きなショックを受けました。仕方なく学級委員を続けながらも、次第に、ルリカさんは相談室や保健室に行くことが増えていきました。

■いじめとのたたかい

そうして時間が過ぎていき、合唱祭の季節になりました。学級委員は練習の日程を決めたり、リーダーとしてクラスを引っ張ったりしていかなければなりません。ルリカさんは練習の日にちを考えて提案しましたが、クラスメイトたちは、その日誰も来ませんでした。一方、クラスのみんなはルリカさんが保健室に行っている間に、勝手に練習の時間を決めていました。知らないところで日にちが決められているので、ルリカさんは1人だけ練習に参加することができませんでした。

また、給食の時間も、いじめにつながっていきました。給食にはイスラム教で禁じられている豚肉などが含まれていたため、ルリカさんは、お母さんが手作りしてくれたカレーのお弁当を持参していました。すると、「毎日カレーを食べているから、あんな肌の色なんじゃない?」「カレーのせいで見た目が汚いんだ」などと、クラスメイトたちは心ない言葉を投げかけてきました。

給食でカレーとナンが出た日には、「あいつの指でも入っているんじゃない？　だから同じ色なんだよ」と言われたこともありました。「これ、カレーの人のだよね」と、クラスの女の子にかばんを蹴飛《けと》ばされたこともありました。

「やめて、それ、お母さんが作ってくれたお弁当が入っているんだよ」

ルリカさんが必死に訴えると、みんなが一斉にルリカさんのことを笑いました。

1年生の時は日本語がよく分からなかったこともあり、何か言われても、そこまで気になりませんでした。しかし、日本語の勉強を重ねて、だんだんその意味が分かってくると、自分を傷つけようとしている相手の悪意が嫌というほど伝わってきます。自分がいじめの標的になっていることがよく分かってしまうだけに、ルリカさんにとって教室はとても怖い場所になりました。

この時期、ルリカさんは、毎日朝が来ることが怖かったといいます。何度も何度も、学校に行きたくないと思いました。しかし、自分が学校に行けなくなったら、いじめてくるクラスメイトの思うつぼだと思い、負けないよう、気力を振りしぼって学校に行き続けました。

いじめられていることを両親に伝えることに葛藤《かっとう》がありましたが、それでもルリカさんは状況を打ち明けました。2人がかけてくれた言葉は、ルリカさんを奮い立たせるものでした。特にお父さんの「一生懸命に勉強して、その子たちよりもいいところに行きなさい」という励ましは、彼女の心に深く刻まれました。ルリカさんはまさにその通り努力し、中学校2年生のときには、県の作文コンクールで銀賞を獲得し、大きな自信につながりました。また、ミャンマーでの差別体験も彼女の原動力となりました。「結局ロヒンギャには何もできないんだ」と言われたくないという強い思いが、ルリカさんを前進させ続けたのです。

幸いにも、学校の中で唯一、保健室の先生だけはルリカさんの味方でした。頻繁《ひんぱん》に保健室を訪れるようになったルリカさんを心配した先生は、交換ノートを通じて彼女の相談に乗ってくれました。ルリカさんが3年生になる時に先生は離任してしまいましたが、離任式の壇上で、「どんなに辛くてもスマイルだよ」と語りかけてくれました。これは、先生が疲れた表情をしていた時にルリカさんがよく掛けていた言葉でした。自分の言葉をちゃんと聞いて覚えていてくれる人がいる。先生の存在は、ルリカさんにとって大きな救いになりました。

学校に毎日通い続け、3年生からルリカさんは受験勉強に励みました。そして、無事、志望していた高校に合格することができました。自宅から遠い学校を選んだので、ルリカさんのことをいじめていた生徒たちは誰もいません。こうして、中学校での3年間のいじめに、ルリカさんは勇気と努力でなんとか打ち勝つことができたのです。

■はじめての友だち

高校初日、ルリカさんは新たな決意を胸に登校しました。新生活に向けて、彼女は2つの重要な目標を掲げていました。

1つは、誰にでも挨拶をすることです。「おはよう」、「こんにちは」、「こんばんは」。毎日同じ言葉を言っていても、挨拶には人のその時の気持ちや調子が表れると、ルリカさんは考えていました。例えば、いつも挨拶をしてくれる人から挨拶が返ってこなかった時、その人は何かあって落ち込んでいるのかもしれません。友だちでも、先生でも、学校の清掃員さんでも、挨拶を通して、その人のちょっとした変化に気付ける人になりたい、これがルリカさんの願いであり、自分に課した目標でした。

もう1つの目標は、失敗をしてもくじけずに、「そんなこともあるさ」と笑い飛ばせる人になることでした。何かを間違えてしまった時、ただただ申し訳なく思ったり落ち込んだりするのではなく、「ごめん、次から気を付けるね」と笑って言える人になりたいと思っていました。他人とのちょっとした違いも、かんたんに否定せず、受け入れる姿勢を持ちたいと思いました。

そして、ささいな失敗に一喜一憂して自分を否定せず、物事を常にポジティブに捉えるよう心がけました。そんな自分の姿を見せることで、落ち込んでいる誰かを励ますことができるかもしれない、別の誰かがいじめを克服できるかもしれないと思ったのです。２つの目標の根底にはどちらも、困っている人を支えたいという気持ちが強くありました。

また、中学校のときより日本語が分かるようになったので、高校では初めから積極的に友だちを作ろうと思っていました。２人のクラスメイトと仲良くなり、カラオケに行ったりプリクラを撮ったり、クレープやアイスを食べたり、ルリカさんはとても楽しい高校生活を送りました。その2人には何でも話すことができたので、中学校でのいじめについても打ち明けることができました。「新しい生活を前向きに楽しもう」「過去のことは忘れよう」とルリカさんは必死でした。

そんなルリカさんが「もう自分は大丈夫だ」と実感できた重要な経験があります。それは高校で、いじめられていたクラスメイトと友だちになった時のことでした。このクラスメイトは、頻繁に外見をからかわれており、ルリカさんはその状況を心配していました。

クラスでいじめが起こった時、その子と仲良くしたら次は自分が標的になるんじゃないかと、もしかしたら皆さんも感じたことがあるかもしれません。ルリカさんは、そういった心配よりも先に、その子と仲良くしていて心から楽しいと思った時に、「私はもういじめられても怖くないんだ」と確信できたそうです。

■ルリカさんの立場

ルリカさんはその後、2年生のときに高校を中退しました。19歳で結婚し、建築の専門学校に進学して勉強を続けました。

中退、結婚と聞いて、「えっ!」と驚く人もいるかもしれません。でも、ロヒンギャの文化ではこれぐらいの年齢で結婚するのが一般的です。日本人的な感覚だと、あんなに努力して高校に入ったのに、と思ってしまいがちですが、世界にはいろいろな文化や習慣があるのです。

ここで、ルリカさんの法的立場について簡単に説明しましょう。お父さんは在留資格を取得できましたが、ルリカさん自身の状況は異なっていました。ルリカさんは、ミャンマーで国民として認められず、日本に来てからもしばらくは無国籍の状態が続いていました。この状況は彼女の人生に大きな影響を与えました。国籍がないことで、大学進学は選択肢に入らず、専門学校時代もパスポートがないために留学を諦めざるを得ませんでした。

「自分の居場所がほしい。そして、何より自分の子どもには制限なく、様々な体験をさせてあげたい」という強い思いから、ルリカさんは24歳のときに日本国籍を申請しました。そして、ご自身の言葉を借りれば「運よく」国籍を取得することができたのです。

ルリカさんは、今も日本で、両親と夫と、子どもたちと一緒に暮らしています。ミャンマーで、ルリカさんに心無いひどい言葉を投げかけてきたのは、学校の先生や友だちのお母さんなど、身近な大人たちでした。子どもを指導していく立場にある大人が自分の行動を間違いだと思っていないことを、ルリカさんは今も、とても怖いことだと感じています。

一方、日本にやってきてからルリカさんをいじめてきたのは、同じクラスの子どもたちでした。海外にルーツを持つ子どもたちは、見た目でよそ者と判断され、いじめられることが少なくありません。そして、先生たち大人は、そんなルリカさんに関心を持たず、助けてくれませんでした。クラスメイトにかばんを蹴飛ばされたり、学級委員にさせられたりしただけでなく、大人である先生が自分を助けてくれないことが、ルリカさんにとって何より辛いことだったといいます。

■いじめの深層

今もなお、テレビやネットにはいじめのニュースがあふれています。ルリカさんは、そのニュースを見るたびに、残念で、悔しい気持ちになるといいます。ルリカさんは、次のように話します。

「今こうやって大人になり、そして1人の母親になって思うことは、人間って誰でも人生で3つの立場に立っているということです。加害者かもしれないし、被害者かもしれないし、見過ごす側かもしれません。加害者は悪い。被害者はかわいそう。でも、見て見ぬ振りをして過ごす人は一番「たちが悪い」と思います」

学校でいじめられている子どもは、大泣きして逃げ出したいくらい、毎日傷ついています。かつてルリカさんを支えてくれた保健室の先生のように、その泣き出したい気持ちをちゃんと理解して、支えてくれる人が必要です。

逆に、いじめをしてしまう子どもたちも、何か問題を抱えているのかもしれません。本当はとても寂しくて、もっと親や友だちにかまって欲しくて、そんなことをしてしまうのかもしれません。この子たちにも、理解をしてくれる人が必要なのです。そして人をいじめてしまう自分ときちんと向きあえれば、変わっていけるかもしれません。

ルリカさんが、いじめを見て見ぬ振りする人を一番「たちが悪い」と思うのは、いじめられる人に関心を持たず、解決方法を模索することもなく、もしかしたらできることがあるのにもかかわらず目を背けている人たちだからかもしれません。

■教室から世界を見る

ルリカさんは、中学校でいじめられていた自分と、祖国でロヒンギャが置かれている状況は似ていると話します。教室でのいじめを例にとると、加害者の生徒、被害者の生徒、そして見て見ぬ振りをするクラスメイトと教師がいます。これをミャンマーの状況に置き換えると、ミャンマー政府が加害者、ロヒンギャの人々が被害者となります。では、見て見ぬ振りをするのは誰でしょうか。

ルリカさんは、世界を大きな教室にたとえています。この「地球という教室」には、日本、アメリカ、インド、中国など、様々な国々がクラスメイトとして存在します。ミャンマーもその一員です。そう考えると、世界の状況がより自分ゴトとして見えてくるのではないでしょうか。ルリカさんは、世界で起こっている問題に無関心でいることは、教室でのいじめを黙認するのと同じだと考えています。それは、助けを待っている人たちから、もしかしたら解決できるかもしれない問題から、目を背けることに等しいのです。

ルリカさんは、次のように語ります。

「クラスメイトの様子がいつもと違うと感じたら声をかけてみる。保護者や先生は子どもの話に真剣に耳を傾ける。そんな少しの変化を起こしてみてください。そして、世界で起きていることに関心を持ち、簡単なことからでいいので調べてみてください。知ろうとする気持ちを持った瞬間から、人間は変わり始めます。その気持ちをまずは持ってみることが大切だと思います」

ルリカさんの言葉を聞いて、あなたは何を思うでしょうか？　どんなことを考えるでしょうか？　日本にもいじめや差別の問題は存在します。それは学校の教室の中かもしれませんし、ルリカさんのように難民として移住してきた人々、あるいは家族を養うために働きに来た外国人に対してかもしれません。ルリカさんは、この本を手に取ってくれた皆さんが、勇気を出して、困っている人たちを支えてくれることを心から願っています。

ゼミで深掘り・4

この章では、「いじめ」について深掘りをしていきます。

みどり　ちょっと目立っただけでもいじめられたりするから、日本のいじめってほんとサイアク。言葉を話せなかったりしたら教室で嫌な思いをするだろうな。

はると　確かに……。僕の中学校でもいじめはあったけど、でも、止める勇気はどうしても持てなかったな。

みどり　自分もいじめられるんじゃないかって、怖いよね。でもなんで、いじめなんてひどいことをするのかな。

のり先生　いじめをする側の子どもも、ストレスを感じているのかもしれません。いじめの認知件数は、2021年度には過去最多になっています。文部科学省の「令和3年度　児童生徒の問題行動・不登校生徒指導上の諸課題に関する調査」によると、小学校では50万562件、中学校では9万7937件、高校では1万4157件、特別支援学校では2695件、合わせて61万5351件となっています。さらに、SNSなどインターネットを使ったいじめの件数は2万1900件で、前の年度よりおよそ3000件増加しており、こちらも過去最多となっています。コロナ禍でもあって休校やオンライン授業、学校に行っても黙食、という生活で、人とコミュニケーションがうまく取れなくなり、攻撃的になってしまうのかもしれませんね。

みどり　どんなことでも他の人と違うちょっとしたことがいじめの原因になるから本当に怖い。ルリカさんみたいに海外から来た人で、肌の色や言葉が違ったらなおさらだよね。

のり先生　ロヒンギャの人たちは、同じような理由でミャンマーで差別され、ついには軍によって追い出されてしまったわけですが、差別の根っこは日本にもあるということが分かりますね。

みどり　私も、あの子は○○人だからとか、△△教徒だからとか、思っちゃう時あるかも。

のり先生　思うんですけど、人種や宗教の違いよりも、皆さんと私の違いとか、皆さんと隣に座っている友人との違いのほうが大きいと思いませんか。例えば、はるとさんとみどりさんってそんなに同じなんですか？

みどり　確かに、全然違う1人の人間だと思います。先生なんてジェネレーションギャップもあるし、昭和だし、全然違うと思う。

のり先生　そこまでいわなくてもいいですが、違いはすべての人の間にあります。にもかかわらず、ルリカさんの場合には外見上の違いや、食文化の違いをことさらに強調されていじめに発展してしまったわけです。民族の違いに起因する差別はミャンマーだけでなく日本でも深刻なのかもしれません。

はると　ロヒンギャを差別したミャンマーの人々は特別ではないということですね。

のり先生　歴史的にも、ナチスドイツのユダヤ人差別などでは、特定の民族であることを理由に、自分たちとは違う存在としてヒトラー率いるナチスがユダヤ人に対する国民の差別感情を煽《あお》りました。その結果がホロコースト、つまりユダヤ人虐殺だったわけですが、同様のことがミャンマーで、そして世界中で起きているのです。

はると　そういえば『アンネの日記』(＊4)を、昔読んだことあります。アンネみたいに屋根裏とはいわないけど、差別されたり、いじめを恐れてクラスの中で目立たないように隠れている友だちがいるのかも。

のり先生 アニメーション映画の『アンネ・フランクと旅する日記』(＊5)を観たことはありますか？ 『アンネの日記』に出てくる〝空想の友達〟キティーの視点からアンネの生涯を描いた映画です。物語の最後に、現代の難民が危険な母国に強制送還されそうになるのをキティーが止めようとする場面が出てきます。

はると みんな『アンネの日記』は読むのに、世界は全く変わってないって言いたかったのかな。

のり先生 みんなが列をなして訪れるアンネの記念博物館の前で野宿する家族の描写など、私たちがアンネに共感する力が、現実に起きている難民問題や貧困問題には及ばないことへのアンチテーゼなのかもしれません。

みどり そんなに学びの多い映画なら、先生の授業より有意義ですね。次のゼミは映画鑑賞会にしましょう。

＊4 『アンネの日記 増補新訂版』(アンネ・フランク、深町眞理子訳、文春文庫、2003年)

＊5『アンネ・フランクと旅する日記』(アリ・フォルマン監督、2021年)

コラム④

SDGs目標5「ジェンダー平等を実現しよう」×難民問題

SDGsの目標5「ジェンダー平等を実現しよう」は、難民女性が直面する特有の課題を浮き彫りにしています。不安定な立場にある難民の中でも、女性はより脆弱《ぜいじゃく》で困難な状況に置かれがちです。多くの場合、文化や宗教的な規範が妨げとなり、女性たちは男性と同等の支援や権利を得られないことがあります。

例えば、医療へのアクセスに関する問題があります。ある宗教では、女性が夫以外の男性に肌を見せることを禁じています。そのため、病院に行っても男性医師しかいない場合、難民女性は診察を受けられないという事態が起こり得ます。

また、生活に不可欠な水の確保も重要な課題です。一部の文化圏では、水汲みは女性の仕事とされています。難民キャンプ内の井戸が居住地から遠い場合、女性たちは長時間歩いて水を運ばなければなりません。日によっては何度も往復する必要があり、その結果、本来なら学校に通えたはずの少女たちが、教育の機会を失い、水汲みを優先せざるを得なくなってしまいま

写真 4-1　水汲みは基本的に女性や子どもの仕事となっている(上). それ以外の力仕事，例えば荷物運びなどを手伝う子どもの姿も見られる(下)

写真 4-2　難民キャンプのテント内のキッチン．料理は女性の仕事となっている．引火して火事になることも多い

す。

避難の過程や難民キャンプ内での性暴力被害は、特に痛ましい問題です。被害を受けた女性たちが助けを求めることが困難な状況にあるからです。世界には今なお、性暴力の被害者を「不純」とみなす慣習が残る地域があります。被害を明らかにすることで、かえって被害者が非難され、社会的に孤立してしまう可能性があるのです。警備をする警察官や兵士が男性ばかりの場合なども、女性が被害を報告しづらい環境を作ってしまいます。結果として、多くの難民女性が辛い経験を1人で抱え込み、深刻な精神的ストレスを抱えたまま生活せざるを得ない状況に置かれています。

社会的慣習や宗教上のルールを変えることは確かに困難です。しかし、「女性であること」を理由に、本来受けられるはずの支援や権利を諦めなければならないというのは、あまりにも不公平で受け入れ難い状況です。こうした問題の解決のためには、各地域の事情を十分に理解した上で、難民女性が避難先で安心して暮らせるよう、女性の視点を取り入れた支援の在り方を模索する必要があります。

5章
日本にいる外国人とその暮らし

「健康手帳」を持った少年

◉大学生・スミレの物語5

バイト仲間となったダオさんは、来日後に難民申請をして、しばらくして難民として認められたって。その後、永住許可が取れ、高校に通っているという。バイトの帰り道で話すようになって、高校1年生だと分かった。「家がビンボーだから、生活費が足りない。だから働いている」という。「大学にも行きたいし、家族のためにも、頑張って勉強する」という。「家族のために勉強」なんて、考えたことなかった。私は全部、自分のため。いい会社に就職したいし……。バイトだって、おしゃれをしたり、友だちと食べるランチだったり、旅行のためだったりする。私って、わがままなのかな……？

日本で生活していると、難民の方々に接する機会はそう多くありません。しかし、難民としてだけではなく、様々な理由から母国を離れ、日本で生活する外国人は数多く存在します。たまたま、教室であなたの隣に座っていないだけ、隣の家に住んでいないだけなのです。本章では、難民に限らず外国にルーツを持つ人々の日本での生活にフォーカスしていきたいと思います。

■日本にいる「外国人」

一般的に「外国人」という言葉でひとまとめにされがちな、日本の外にルーツを持つ人々ですが、あなたはこの「外国人」という言葉を聞いてどんな人たちを想像しますか。

観光目的で日本を訪れる外国人旅行者、レストランやコンビニなどで働く外国人労働者、日本の高校や大学で学ぶ外国人留学生でしょうか。新聞やテレビのニュースをよく見る人なら、外国人技能実習生をイメージするかもしれません。外国人技能実習生は、その名の通り、農業や建設など、特定の技能を身に付けるために日本にやってくる人たちです。

これら「外国人」と呼ばれる人たちは、来日した理由や生活環境が大きく異なるため、一概に語ることはできません。しかし、長期滞在する外国人労働者、留学生、外国人技能実習生、難民などは、しばしば日本社会で同じような困難に直面します。本章では、難民に限らず、より広く「移民」と呼ばれる人々に焦点を当てます。彼らが来日後に直面する課題や生活上の困難について詳しく見ていきましょう。

■「移民」ってどんな人？

世界のニュースを見ていると、「移民」という単語を耳にする機会が多くあると思います。では、1章で扱った「難民」と「移民」の違いはどこにあるのでしょうか。「移民」とはどのような人々を指すのでしょうか。

「難民」には難民条約で定められた定義がある一方で、「移民」という概念は明確に定義されていません。国際連合広報センターによると、「多くの専門家は、移住の理由や法的地位に関係なく、定住国を変更した人々を国際移民とみなすことに同意しています。3カ月から12カ月間の移動を短期的または一時的移住、1年以上にわたる居住国の変更を長期的または恒久移住と呼んで区別するのが一般的です」とされています。この広義には、様々な背景を持つ人々が含まれます。ニュースでは、国境を越えて中南米からアメリカに入国する移民や、ボートで海を渡って中東から欧州に上陸する移民の姿が度々報道されていますね。他にも、皆さんの近所のコンビニエンスストアやレストランで働いている人たちの中にもいるかもしれません。

そもそも人の移動には様々な形態があります。国際移住機関（IOM）は「自発的移住」として海外旅行や海外赴任、留学を、「非自発的移住」として貧困による人身取引や自然災害、紛争・迫害からの避難などを挙げています。

皆さんが、日常で「移民」という言葉を耳にするのは、国内ではなく海外で移民に関するニュースがあった時が多いかと思います。実は、日本では「移民」という言葉の使用に慎重な傾向があります。日本で働き、長期間生活している外国人や留学生に対しては、一般的に「移民」という表現は使われません。では、日本に「移民」はいないのでしょうか。次節では、日本で生活する外国ルーツの人々に焦点を当て、歴史的背景を探っていきましょう。

■移民として暮らす人々

国際社会で一般に「移民」と呼ばれる人々は、実は日本にもたくさん居住しています。古くは「在日コリアン」と呼ばれる人たちが、外国籍居住者の大半を占めていました。今でも、在日コリアンの子孫がたくさん日本に住んでいます。

他にも、1980年代後半から1990年代にかけては、日本人と結婚するために移住した「結婚移民」といわれる人々が存在しました。「結婚すれば一人前」という価値観が残っていた農村地域の独身男性に対し、自治体などが仲介・斡旋《あっせん》をしてフィリピンや中国、韓国などから「お嫁さん」を連れてきたのです。

1990年代前後、日本はバブル経済の絶頂期を迎え、外国から多くの移住者がやってきました。この時期、入国許可(査証・ビザ)の取得が比較的容易だったことが、人々の移住に拍車をかけ、特にバングラデシュ、パキスタン、イランから多くの人々が来日し、様々な仕事についた後、日本で暮らすようになりました。

ところが2001年9月11日に、アメリカ同時多発テロ事件が起こると一転して「外国人は危険な存在かもしれない」という言説が日本国内でも広がりました。当時はバブル経済崩壊後であったことも重なり、外国人に対する厳しい取り締まりが相次ぎました。この結果、入国許可証をもたずに日本に長期滞在している外国人の数は大きく減っていきました。

しかしながら、第1次産業(農業・漁業・林業)と第2次産業(製造業・建設業・鉱業)では、そうした人の流れとは別に、深刻な人手不足が続いていました。この状況に対応するため、1990年の出入国管理及び難民認定法(通称「入管法」)改正を契機に、かつてブラジルやペルーに移住した日本人の子孫、いわゆる「日系人」を日本に呼び戻し働いてもらおうという動きが加速しました。実は日本では明治時代以降、国内の人口増加を理由に、日本政府が日本人に海外移住を勧めた時期があったのです。当時、新天地での新しい生活を夢見た日本人が、南北アメリカを中心に移住しました。そこで生活を築き上げた日本人の子孫が、今も

「日系人」として現地に残っており、その人たちに日本に帰ってきてもらおう、という話になったのです。当時こうした政策をつくった政治家や役人は、「彼らはある程度日本でお金を稼いだら、帰るだろう」と考えていたようですが、実際にはその後も長期的に日本にとどまる選択をした人々が多くいました。

■日本で暮らす「外国人」を取り巻く問題

外国から日本に移り住む人が年々増加する中、そういった人々が日本での生活を営む上で、言語や文化、制度面など、多岐にわたる課題に直面しています。具体的にどのような課題が生まれているのか、一緒に見ていきましょう。

①教育現場での課題

憲法26条に規定されている「義務教育」の期間(9年間)は、「国民は、その保護する子女に」教育を受けさせなければならないとされています(教育基本法第4条)。その一方で、外国籍の人々に対しては、教育は「希望すれば受けることができる」という任意の位置付けとなっています。そのため、日本で教育を受けることができると知らずに、その機会を失ってしまう子どもたちが数多く存在しています。文部科学省によると、2023年5月の段階で、8601人の外国にルーツをもつ子どもたちが「不就学」状態にある可能性があるとされています。

もし学校に通えたとしても、まだまだ多くの壁が立ちはだかります。特に「言語の壁」は最も高いといえます。言葉が理解できなければ授業についていけない、友だちができないといった問題につながり、子どもたちの学習意欲や自尊心に大きな影響を与えます。また、保護者も学校からの連絡や成績表が読めず、教員との面談でのコミュニケーションに困難を感じることが多く、精神的な負担となることも少なくありません。

学校生活は授業だけではありません。例えば、文化・宗教上の理由から特定の食材を口にすることができない場合、給食での特別な配慮が必要となります。同様の理由から肌を見せることができない場合や、歌を歌うことが許されていないケースも存在します。一人一人の状況に合わせたきめ細やかな対応が求められていますが、教員の人手不足や日本社会での認識不足などから、十分な対応ができていないケースが数多く報告されています。

さらに、大学入試などでは高い日本語能力を求められます。現在、日本の大学へ入学する方法として、外国人留学生を対象とした留学生入試の対応がありますが、日本国内に居住する外国出身者は対象外になる場合が多いのです。つまり、日本人と同じ一般入試での受験のみしか認められていない大学が多く存在します。一般入試での受験では、日本語で作成された試験問題を解かなければならないため、日本語を母語としない子どもたちにとっては非常に難易度が高く、大学進学を諦めざるを得ないこともあります。

②就労における課題

日本で仕事に就きたい時にも、言語の壁が否応なく立ちはだかります。ほとんどの職場で相応の日本語能力が求められるため、仕事の選択肢が大きく限られ、良い待遇の職場で働く機会も失われがちです。たとえ高い専門性や技術を持っていても、日本語が十分に話せないというだけで、その能力を活かせる機会が制限されてしまうのが現状です。移民・難民として日本に来た多くの外国人は、本来の専門分野とは異なる労働や、日本語をあまり必要としない工場での単純作業などに従事せざるを得ません。その結果、能力や経験に見合わない低賃金での就労を余儀なくされ、将来的により良い仕事や待遇に恵まれる可能性も狭められてしまいます。

③出入国管理及び難民認定法(以下、入管法)における課題

日本で暮らす外国人に関するルールを定めた「入管法」は、時代に合わせて改正されてき

た法律です。この法律は2023年にも改正されましたが、新しく定められたルールに対しては、賛成する人もいれば懸念を示す人もいるのが現状です。

改正入管法案の中で議論が大きく分かれたポイントは、1章でも扱った「ノン・ルフールマン原則」に関する規定です。ノン・ルフールマン原則とは、難民が危険な目に遭うことのないよう、母国に難民を強制的に送り返してはならないことを定めた原則で、難民条約の中で規定されているものです。一方、改正入管法では、3回以上難民申請を行った人を母国に強制送還することができます。これは、「実際には難民ではないにもかかわらず、難民申請を繰り返し行うことで、日本に滞在し続ける人」を減らすための措置だとされていますが、難民保護を必要とする人々を危険にさらす可能性があるとして、多くの批判を浴びています。難民支援団体は、この法改正には人道的観点から問題があるとして、法案の廃案を求める抗議活動や国会議員への働きかけを行いました。

一方で、改正入管法は「補完的保護」制度の新設も含んでいます。これは、難民条約上の定義には当てはまらないものの、保護を必要とする人々を守るための制度です。世界約50カ国で既に導入されているのですが、日本で新設された「補完的保護」は保護の範囲が狭く、国際的な基準を満たしていないのではないかという疑問の声も上がっています。

共生をめざして

ここまで、難民を含む外国ルーツの人々が日本で直面する課題について見てきました。では、これらは果たして当事者だけで解決できる課題でしょうか。私たち受け入れ側の体制や姿勢は無関係なのでしょうか。

教育現場や就労状況、法律など彼らを取り巻く環境を知ると、日本社会の側にも外国人が抱える課題を生み出す原因があるように思えます。お互いにとってより良い社会にするためには、私たちがまずは、彼らの状況をきちんと理解し、一歩でも二歩でも歩み寄っていくことが重要です。

日本国内で発生した避難民

それぞれの理由で住む場所を離れ、移民や難民として暮らす人々。これまでは、海外から日本に移り住んだ人々について考えてきましたが、実は、日本国内にも住んでいた土地を離れざるを得なくなった人たちが存在します。国境を越えずに日本国内で移動する人たちは、1章で見た「国内避難民」に位置付けられます。

皆さんご存知の通り、日本では地震を始めとする自然災害が多く発生します。２０１１年3月11日に起こった東日本大震災は、強い地震と巨大な津波、さらに東京電力福島第一原子力発電所の事故による広範囲の放射能汚染をもたらしました。住んでいた家が地震や津波で破壊されたり、生活していた地域が放射能汚染により立ち入り禁止区域に指定されたりしたことで、慣れ親しんだ土地を離れて暮らす人々、つまり「国内避難民」が生まれました。親戚の家に身を寄せる人や、全く新たな土地に引っ越す人など、日本各地に避難した被災者は、新たな場所で仕事を探したり、住居を確保しなければなりませんでした。外国から日本に来る人たちと同じように、日常生活の維持自体が大きな課題となったのです。

東日本大震災以降も、２０１６年の熊本地震や２０１８年の西日本豪雨災害、２０１９年の台風19号、２０２０年の九州豪雨、２０２４年の能登半島地震など、日本では自然災害が続いています。今後も多くの国内避難民が発生することが予想されるため、適切な制度設計や法的枠組みの整備が急務となっています。

移民・難民への支援と国内避難民への対応は、互いに補完し合い、より包括的で効果的な社会システムの構築につながります。両者への対策を同時に進めることで、社会全体の多様性への理解が深まり、互いに支え合う共生社会の実現に近づくことができるかもしれません。

移民・難民や日本人避難者に配慮したコミュニティづくりは、誰もが安心して暮らせる社会の基盤となる可能性を秘めているのです。

ゼミで深掘り・5

ここでは、「共生」について、みどりさん、はるとさん、のり先生と深掘りをしていきます。

みどり　移民や難民の人たちを受け入れる体制を整えていくことが大切だってことは分かったけど、彼ら・彼女らがたくさん日本に来たら、日本はどうなっちゃうの？

のり先生　たしかに日本人への影響を心配する人も少なくないですね。例えば、「移民が日本人の仕事を奪っている」という主張はよく耳にしますよね。

はると　いきなり多くの外国人が入ってきたら、何か悪い影響があるんじゃないですか？

のり先生　雇用や仕事に関していうと、ノーベル賞を受賞したバナジー氏とデュフロ氏という2人の経済学者が、『絶望を希望に変える経済学――社会の重大問題をどう解決するか』という本で、移民の増加がもともとその国に住んでいる人たちの雇用に悪い影響を与えるとは必ずしも言えない、と結論づけています。

みどり　えっ、なんでなの？

のり先生　まず、日本に来た外国人労働者たちは日本で生活しますよね？　ということは、日本で食事もするし、買い物もする。日本で生活するためにお金を使ってくれるんです。もしレストランにたくさん移民の人たちが来るようになったら、新たにスタッフを雇う必要が出てくる。そこには新しい雇用が生まれることになるんですよ。

はると　へー、そうなんだ。じゃあ「外国人が日本人の仕事を奪ってしまう！」って決めつけて、移民や難民の人たちを怖がっているのは、おかしいことなんですね。

のり先生　そうかもしれません。実は、私たちは移民や難民といった外国人たちのことを、無意識のうちに「外国人＝自分たちとは違う人々」として扱ってしまっていたり、傷つけてしまっていることがあるんです。

はると　僕は、差別とかいじめとか、そういうことはしないように十分に気をつけていますよ。外国人みたいな子がクラスにいたら、積極的に助けるようにしている！

のり先生　それはとてもすばらしいですね。でも、その「外国人みたいな」という判断が、実は難しいんです。

はると　え、なんでですか！　僕はいいことをしているつもりなのに！

のり先生　たとえ、外国人のような外見だったとしても、実は幼い頃から日本に住んでいたという人も多いんですよ。例えば、映画『マイスモールランド』（＊6）の主人公サーリャもその1人です。彼女は幼い頃に家族で日本に移り住んだクルド人の女子高校生です。日本での暮らしも長くなり、クルド人のコミュニティで生活しているものの、日本の高校で日本人の友だちに囲まれてもいます。そんなある日、アルバイト先のコンビニでお客さんから「日本語上手だね」と言われ、どこの国から来たのか尋ねられます。幼い頃から日本に暮らし、日本語も堪能なサーリャは、外見から「外国人」であると判断されてしまったんです。もちろん外国にルーツはあるのですが、私たちの中では、外国人とはこういうもの、というバイアスが強いのかもしれません。本当は、いろんな事情や背景が一人一人にあるのに、そこまで思い浮かべられないといったらいいでしょうか。

はると　外国人のような見た目で、日本語を話せたら「日本語上手だね」って僕も言ってしまうかもしれない……。

のり先生　そうなんです。無意識のうちに相手に「外国人」というラベルを貼ってしまったり、日本語ができない前提で話してしまったり、先ほどのように日本に住む外国人に対して「仕事をしに来ている」と思い込んでしまったり……。

みどり　日本に住んでいるってことは、仕事をするために日本に移り住んできたんじゃないんですか？　その映画のクルド人の家族だって、給料のいい仕事がしたくて日本に来たんじゃないんですか？

のり先生　5章で見てきたように、確かに日本に仕事を探しに来る外国人は少なくありません。自分の国で仕事がないから、日本に来て少しでもいいお給料をもらえる仕事につきたい、という理由はよく耳にしますよね。でも、全員が全員、「日本で仕事を見つけたい」と思って来ているわけではないんです。

みどり　どういうこと？

のり先生　想像してみてください。「仕事が欲しい」ということだけを理由に、これまで住み慣れた土地を離れるということはなかなか難しくないですか？

はると　うーん、確かに大変そう……。

のり先生　言葉も分からない外国に来てから仕事を得るまでの複雑な手続き、頼る人もいない、仕事を見つけるまでの生活資金も必要、仕事を得ることができても過酷で体力が必要な労働環境……。これらが待ち受けているのに、住み慣れた国を離れるなんて、とんでもなく大変なことですよね。

みどり　じゃあ何のために日本に来ているんですか？

のり先生　彼ら・彼女らの多くには「国を離れなければいけない理由」があるんです。自分の国はそんなに貧しくもないし、自分もその国で仕事をしていたのに、戦争や災害で命が危なくなって、やっとの思いで国を離れた人たちもいます。深刻な差別にあって未来が描けず、やむを得ず国を出た人たちもいます。

はると　なるほど。自分の国が住めなくなるなんて、今の日本では想像できないなあ。

のり先生　実は日本も昔、移民を送り出していたっていうことを知っていますか？『ワイルド・ソウル』(＊7)という小説に描かれている南米に送り出された日本人のように、日本も移民として自国民を送り出していたんですよ。

みどり　え!　日本が、外国に人を送り出す必要があったの?

のり先生　明治時代に、急速なスピードで人口が増加してきたため、当時の日本政府は積極的に外国への移住を推奨する政策をとっていたんです。

はると　信じられない!　僕たちが追い出されるなんて!

のり先生　追い出されたというよりは、外国に行けば、もっと良い生活・夢の生活が待っているよ!という政府の謳い文句に乗った人が、南北アメリカや、フィリピン、中国などに移住していったんです。その人たちの子孫が今も日系人として現地にいます。

はると　日本が移民を受け入れるだけじゃなくて、送り出していたなんて知らなかったなぁ。

のり先生　移民として送り出された日本人が現地で経験した生活がどれだけ過酷なものであったかも『ワイルド・ソウル』には描かれています。私たちも、そうした先人の苦労から学ぶことで、今日本で暮らす移民・難民の人たちの大変さを理解することができるかもしれません。

みどり　私たちが誤解していることや、無意識に傷つけてしまうことがあるってことをいつも意識しておく必要があるのかも。そうだ、先生だって私に「次のテストは頑張りましょう」ってよくいうけど、あれ、結構傷つくんだから‼

のり先生　おっとそれは失礼しました。違う言い方を考えないとですね。

＊6『マイスモールランド』(川和田恵真監督、2022年)
＊7『ワイルド・ソウル』(垣根涼介、新潮社、2009年)

コラム⑤

SDGs目標6「安全な水とトイレを世界中に」×難民問題

90万人以上もの人々が日々生活するバングラデシュのロヒンギャ難民キャンプでは、生きていくために欠かせない水の確保が急務です。皆さんも毎日水を飲むのはもちろんのこと、トイレ・お風呂・洗面所など、様々な場所で水を使っていますよね。

2017年8月以降、大勢のロヒンギャが一斉にバングラデシュに逃れてきてからというもの、飲み水の調達やトイレなど衛生施設の設置が緊急の課題となりました。当初は簡易井戸や仮設トイレが設置されましたが、応急措置的な対応だったこともあり、水質汚染などの問題が

写真 5-1　キャンプ内のトイレは家の外に設置されている．電気がついていないので，夜間は利用しにくく，危険もある

写真 5-2　トイレ(上)は地面に穴を掘りコンクリートの輪っか(下)を1〜3つほど埋めた上に設置する．使い続けて穴がいっぱいになると，汲み出すか，新しい場所にトイレを作る．そのため，用地確保が課題となる

発生してしまいました。しかも、100万人規模の難民キャンプがいきなりできたので、もともとあった井戸は数年で地下水を使い果たし、枯渇してしまいました。そうしたことに加え、ロヒンギャ難民キャンプが位置する地域(コックスバザール県)は丘のような特殊な地形をしているため、難民は水汲みのために急な斜面を何往復もしなければならないことも課題でした。

この状況を改善するため、UNHCRを始めとする難民支援機関やバングラデシュ政府、水の専門家など、いろいろな立場の人々がより緊密に連携しました。その結果、簡易井戸に代わる深井戸の設置が進められ、深井戸の維持管理技術も開発されました。また、仮設トイレの構造も見直されました。これらの取り組みにより、安全な水の確保が可能になってきました。

この成果は、SDGsの目標17「パートナーシップで目標を達成しよう」の実践によるものです。多様な関係者の協力によって、ロヒンギャ難民キャンプの水・衛生環境は着実に改善されつつあります。この事例は、複雑な問題に対して、多様な専門知識や資源を持つ組織が協力することの重要性を示しています。難民支援において、このようなパートナーシップは人々の生命と健康を守る上で極めて重要な役割を果たしているのです。

6章
バリアを超える，そしてできることをやってみる

キャンプで出会った少年たち

◉大学生・スミレの物語6

バイト帰りのこと。駅のホームで白杖《はくじょう》を持って、私の前を歩く人がいた。「大丈夫かなぁ？」と思って、声をかけようとした時、後ろから来た大学生っぽい男性が、その人の横に並んで、「何か、お力になれますか？」と聞いた。二言三言交わすと、やがて二人で、歩き始めた。別の日は、目の前に妊婦さんが立った。席をかわろうとした、その時、隣に座っていた高校生が、「どうぞ」といって、さっとドアのほうへ向かった。私だって、声をかけようとしていた、ちょっとタイミングがずれただけ……。なんで、すぐに体が動かないんだろう。

■自分たちにできることは何？

ここまで見てきたように、日本で暮らす難民の人たちの日常にはいろいろなハードルがあります。言葉が分からない、住む家が見つからない、仕事がないなど、あげていったらきりがありません。このような状態で、難民の人たちはどうやって生きていったらいいのでしょう。

「自分で決めて、難民になったんでしょう。じゃあ、自分で何とかするしかないんじゃない」「自己責任だよ」と簡単に片付けてしまってよいのでしょうか。

今、私たちに求められているのは、難民を含む外国にルーツを持つ人々が、日本で安心して暮らし、自分の能力を活かせる環境をつくることです。これは、現代の日本社会にとっても彼ら自身にとっても重要な課題です。

ではそのために、具体的に何ができるのでしょうか。このヒントを見つけるため、世界に目を向けてみましょう。日本よりもずっと多くの難民や移民を受け入れている国々があります。本章ではドイツやカナダの事例を紹介します。

また、日本国内でも難民支援の活動が少しずつ広がっています。これらの実例を知ることで、「自分たちにできることは何？」が見えてくるはずです。

■日本の今、そして未来を世界の今から考える

1章で述べたように、日本は難民支援を行う国際機関に対して多額の資金を提供しています。2022年の数字によると、日本はUNHCRに対して約1億6770万ドル（約26

0億円)を拠出し、世界第4位の貢献国となっています。

一方で、国際社会への貢献を数値化した世界開発センターの2023年の指標(開発コミットメント指数)では、「移住(Migration)」カテゴリーにおいて、日本はG7諸国の中で最下位でした。

日本が難民支援のために多額の資金を提供しているにもかかわらず、このような評価を受けている主な理由は、難民の受け入れ数が少ないことにあります。この指標において、日本の難民受け入れ数は人口比で「平均よりもかなり少ない(considerably below average)」と評価されています。

このギャップは、日本の難民政策における「金銭的支援」と「人的受け入れ」のバランスの問題を浮き彫りにしています。国際社会からは、資金面での貢献だけでなく、より積極的な難民の受け入れが求められていることが分かります。

日本の現在の難民受け入れ体制は、1970年代後半から80年代のインドシナ難民への対応時から大きく変わっていません(1章参照)。目の前にボートで来てしまった難民をなんとかしなければという理由で受け入れたこと自体は評価されるべきことですが、あくまで応急措置でしかなく、継続的な難民受け入れの仕組みは構築されませんでした。

ここで私が経験した、海外の研究会でのドイツ人研究者A氏とのやりとりを紹介しましょう。

A氏「日本は昨年、難民を何人受け入れたんだい？」

私「イレブン(11人)」

A氏「OK、イレブンサウザント(1万1000人)ね。日本もがんばってるね！」

私「いえ、イレブンです。10人プラス1です」

A氏「……？？」

多くの難民を受け入れているドイツからすると、「11人」という数字は、にわかには信じられなかったことでしょう。

世界に1億2000万人もの難民がいる「難民の世紀」に突入している今、世界第4位のGDPを誇る日本が難民受け入れに消極的な姿勢を続けることに、国際社会から疑問が呈されるのは避けられません。

では、日本に暮らす人々は難民の受け入れをどのように考えているのでしょうか。2019年11月に法務省が実施した「基本的法制に関する世論調査」の結果を見てみましょう。

「これまでの日本における、難民及び人道上の配慮が必要な人の受入れ数についてどう思いますか」という質問に対し、54・6%の人が「少ないと思う」と回答しました。

一方、「難民及び人道上の配慮が必要な人の受入れについて、今後、日本は、これまで以上に積極的に受け入れるべきだと思いますか」という質問では、56・9%が「慎重に受け入れるべきである」と回答しました。

慎重に、とした人たちの主な理由は、①治安悪化への懸念(67・2%)、②文化や生活習慣の違いによる生活への影響(39・3%)、③地域での難民支援の負担増加(35・7%)、④さらなる難民流入への不安(34・6%)です。

多くの人が「日本の難民受け入れ数は少ない」と認識しつつ、今後の受け入れには慎重な姿勢を示しているという結果は非常に興味深いものです。

これからの日本社会を担う皆さんなら、これらの質問にどのように回答しますか? 難民受け入れの課題について、どのように考えますか?

■世界各地の難民支援を知ろう

今後、日本社会がどのように難民問題と向き合うかを考える際に、他の国の受け入れ制度や経験はとても参考になります。ここではドイツとカナダの取り組みを見ていきましょう。

①ドイツの受け入れ制度

まずは、世界第4位(2022年)かつヨーロッパ最大の難民受け入れ国であるドイツを見てみましょう。ドイツは2022年の段階で約210万人の難民を受け入れています。ドイツの難民政策は、ナチス時代のユダヤ人迫害への反省から、憲法に難民受け入れの条項を組み込み、「世界で最も寛容な難民政策」と評されています。

ドイツが難民を受け入れる背景には、労働力の確保という側面もあります。少子高齢化が進み、多くの国内企業が労働力不足に直面しているドイツは、難民や移民の支援を人材確保の投資と捉えているのです。

ドイツでは中央政府からの補助金をもとに、各州政府が移民を支援する政策を実施しています。これらの支援は難民も対象となっており、難民申請者も一部受けられることになっています。例えば、難民申請者もドイツ語の教育や職業訓練を受けることができ、職業訓練中の場合は難民申請が通らなくても滞在を認められ、条件を満たせば永住できる可能性もあります。

なかでも特徴的なのが、定住のための支援プログラムです。プログラムの内容は各州によって異なりますが、一般的には約6カ月間のドイツ語の基礎教育と、ドイツの法や政治、歴史や文化を学ぶ市民オリエンテーションを受けられるようになっています。ドイツ語教育では、ドイツ語能力試験を事前に受け、レベル別に600~900時間の講習を受けることができます。市民オリエンテーションでは、100時間かけ、教室の内外でドイツへの理解を深め、ドイツ社会で生活していくために必要な知識を学んでいきます。このプログラムを通じて移民・難民の人々はドイツ語習得と社会理解を深めることができ、職業訓練という次のステップに進むことができます。

ドイツが社会統合を重視する背景には、1970年代の苦い経験があります。当時、ドイツはトルコから多くの移民を受け入れましたが、移民労働者とその家族が低家賃の劣悪な住宅地に集まって暮らすようになり、その結果、移民の子どもたちの中学校退学が相次ぎ、職業訓練の参加率も低く留まってしまいました。同じ国の出身者が固まって定住したため、社会統合が進まなかったのです。

そうしたことへの反省を踏まえ、また1990年代に、隣国フランスで移民による暴動が頻発するのを目の当たりにしたこともあり、移民や難民をドイツ社会の一員として受け入れ、彼らが新しい環境に適応し、社会に貢献できるよう支援する今日の社会統合政策の基礎が築かれたといえます。

②カナダの受け入れ制度

積極的に難民を受け入れているもう1つの例として、カナダを見てみましょう。カナダの難民受け入れ数は約43万人(2022年)であり、数だけを見るとドイツよりだいぶ少ないと思われるかもしれません。しかし、カナダの総人口の約4人に1人が移民・難民となっており、割合としては極めて高いといえます。移民・難民・市民権省(IRCC)は2025年には移民・難民を39万5000人受け入れることを目指しており、継続的な受け入れ姿勢を見せています。移民・難民の受け入れにカナダが積極的な背景には、ドイツと同様に労働力確保の狙いがあることに加え、カナダ自体が移民によって形成された国家であることも影響しています。多様なルーツをもつ人々が共存する社会では、出身や人種を問う機会が少ないのも特徴的です。私は学生の頃カナダに留学していたのですが、その際にお世話になっていたホストファミリーは、お父さんはマダガスカル生まれの中華系移民で、お母さんはケベック州出身のカナダ人で母語はフランス語という家庭でした。多様なルーツをもつ人があまりにたくさんいるので、現地の学校に通っているときに「あなた何人?」と聞かれたことがないのも日本とは大きく異なる点だと思いました。

IRCCはカナダの公用語である英語とフランス語でHPを開設しており、分かりやすいレイアウトで難民支援制度やその流れを説明したり、元難民の体験談を載せるなどの広報も行っています。また、難民に関わるカナダ国民や在住者のための情報も充実しています。

カナダの難民受け入れの特徴の1つには、「民間難民受け入れ」と呼ばれる官民連携体制があります。このプログラムでは、民間スポンサーが難民の1年間の生活をサポートし、その費用を負担します。民間スポンサーになることができるのは、人権団体やカナダ在住の移民・難民による団体、18歳以上のカナダ国民もしくは永住者の5人以上で構成されるグループ、難民が定住する地域の学校や会社、町内会などのコミュニティのいずれかです。民間スポンサーに受け入れられた難民は、カナダ入国時に永住権が付与され、連邦政府と州政府の医療保険に加入できるほか、レベル別の語学講習を受講できるようになります。また、教育を受ける権利や労働の権利も認められるようになります。

■支援に向けた日本での新たな動き

このように難民の受け入れ方や支援の在り方は、国や地域によって大きく異なります。紹介した国々のレベルに到達するまでには、まだ時間を要するでしょうが、日本でも市民・学生団体やNPO、企業などが、難民の生活を支えるためのさまざまな活動を始めています。これらの草の根活動は、やがて社会全体に影響を与え、国の政策を動かし、新たな受け入れ制度の構築につながる可能性があります。そのような変化を期待しつつ、ここでは日本における新たな難民支援の動きから6つの注目すべき事例を紹介します。

①情報発信を通じて難民支援を行う「難民ナウ！──世界の難民速報──」(市民団体)

「難民問題について、普段あまりニュースでは報道されないし、遠い出来事に感じるな」「どうやって情報収集したらいいんだろう？」と思ったことはありませんか？　難民問題は特に日本語での報道が少なく、情報を集めることだけでも一苦労、という場合がよくあります。そのような声に応えた取り組みが、「難民問題を天気予報のように」をコンセプトとしたコミュニティFMラジオ番組「難民ナウ！──世界の難民速報──」です。

2004年に京都三条ラジオカフェで放送を始めた「難民ナウ！」は、日本初の難民問題専門情報番組として、毎週土曜日に6分間、世界の難民問題に関する情報を発信しています。これまで600名以上にインタビューを行い、難民当事者や難民を支援する人々の声を、ラジオやポッドキャストにのせて届けてきました。国連・NGOの職員や弁護士などに加え、活動にかかわる高校生や大学生にインタビューを行った回もあります。

「難民ナウ！」の特徴は、情報発信を通じた難民支援をしている点にあります。アフリカの難民キャンプや中東の紛争地域に直接赴かなくとも、「現地に行かない国際協力」として日本からできることはたくさんあります。難民問題を分かりやすく発信することで、難民問題に関心を持つ人が増え、支援の輪がさらに広がることが期待されます。

②日本に暮らす難民を支援する「難民支援協会」(NPO)

母国での迫害や紛争から日本に逃れてきた人々を支援する団体の1つに、認定NPO法人難民支援協会があります。難民支援協会では、日本で生活する難民・難民申請者の人々が、自らの強みを活かして自立した生活を送れるよう、最初の一歩を踏み出すためのサポートをしています。

支援の内容は多岐《たき》にわたります。例えば、日本に逃れてきた人々のカウンセリングを行い、それぞれのニーズに合った個別支援を提供しています。2023年度には、アフリカや中東、南アジアを中心とした71カ国・996人から計9535件もの相談を受けました。カウンセリングの内容を踏まえ、弁護士と協働して難民申請手続きをサポートしたり、食料を提供したり、泊まる場所の確保を行ったりします。また、日本という新しい土地で難民が生計を立てられるよう、就労資格のある難民に対して日本語の授業を行ったり、就職先を一緒に探したりと、就労支援も行っています。

さらに、この団体は難民を受け入れる側の日本社会に対する働きかけにも力を入れています。日本が国として難民をどのように受け入れていくかの方針は、政治の場で議論されます。そのため、国会議員や関係省庁に対して、難民に関する制度の適切な運用を求める提言を行うとともに、ウェブサイトやSNS、イベントなどを通じて、難民問題に関する理解を広げる活動を展開しています。例えば、「難民アシスタント養成講座」の開催や、ウェブマガジン「ニッポン複雑紀行」の運営などがその一例です。政策提言や広報は、一見すると難民支援とは直接関係がないように思われるかもしれませんが、受け入れ社会の理解を深めるために不可欠な活動と言えます。

③食を通じて難民への理解を深める「Meal for Refugees（M4R）」（学生主導のプロジェクト）

様々な事情を抱えて自分の国を逃れ、日本にやってきた難民たち。そんな難民の母国の料理を難民支援協会がまとめたレシピ本『海を渡った故郷の味――Flavours Without Borders』が2013年に出版されました。この本に掲載されている15の国と地域の料理を学食や社員食堂、レストランで提供することで、日本で暮らす難民に対する理解を深めてもらおうと始まったのが、このプロジェクトです。

M4Rは学生主導のプロジェクトです。M4Rメニューを学食に導入してもらうための企画書づくりや学校との交渉は、すべて学生が自分たちで行っています。M4Rメニューを1食販売するごとに20円が、難民支援協会に寄付され、日本での難民支援活動にあてられる仕組みです。2019年3月までに、全国約50の高校・大学やレストランでM4Rメニューが導入されてきました。

誰にとっても身近な「食」をキーワードに、世界中の難民問題や日本に逃れてきた難民の暮らしを知ってもらうこと、また難民の故郷の味を楽しみながら難民を支援することができる活動です。皆さんの高校・大学でもM4Rメニューを導入してみませんか?

④難民の就労を支援する「ZERO PC」(ソーシャルビジネス)

1章で、難民認定の結果が出るまでには3年近くかかるとお伝えしました。この間、難民の人々は日本で生活していくため、働いてお金を稼がなくてはなりません。しかし、外国人だから、難民だから、日本語があまり話せないからなどの理由で働き口が見つからず、社会的に孤立してしまう人も決して少なくありません。

このように不安定になりがちな難民の生活を、ビジネスを通じて支えていこうと活動しているのが「ピープルポート株式会社」です。この会社では、「ZERO PC」というエシカルパソコンの販売事業を通して、難民の雇用を生み出しています。

ＺＥＲＯ ＰＣの特徴は、回収した中古パソコンの修理作業を日本で生活する難民のスタッフが担当している点です。このアプローチには2つの利点があります。まず、パソコンの修理作業は高度な日本語力を必要としないため、言語の壁を抱える難民でも従事しやすい仕事です。さらに、ここで習得した修理スキルは、将来母国に帰国した際にも活かせる可能性が高く、長期的なキャリア形成にも寄与します。

難民問題は一朝一夕で解決できるものではないため、長期的な視点が不可欠です。今日食べるものがない難民に食料を提供したり、今晩泊まるところがない難民に一時的な宿泊施設を提供したりすることはもちろん重要ですが、それだけでは十分ではありません。難民が日本で数年間安心して暮らせるよう支援し、帰国後も職を得られるような長期的な目標を見据えた取り組みも求められています。

次にパソコンを購入する際は、ＺＥＲＯ ＰＣを選択肢の1つとして考えてみませんか？理念に共感する商品を選ぶことは、その企業の活動を支援し、間接的に難民支援にも貢献することになります。私たちの日常的な選択が、難民問題という大きな課題に対する持続可能な解決策の一部となり得るのです。

⑤大企業による多様な形の難民支援「ファーストリテイリング」(企業)

ファーストリテイリングは、UNIQLO《ユニクロ》やGU《ジーユー》などのブランドを展開する大企業として知られていますが、実は世界各地の難民支援に大きな貢献を果たしています。同社の難民支援活動は多岐にわたります。その1つが、UNIQLO店舗に設置された「RE.UNIQLO」回収ボックスです。ここで回収された衣類は、世界中の難民キャンプや被災地に届けられ、再利用されています。

さらに注目すべきは、「RISE(Refugee Inclusion Supporting and Empowerment)プログラム」を通じた難民の積極的な雇用です。2024年4月時点で、日本国内のUNIQLO店舗等で60名の難民認定者が働いています。また、米国や欧州でも同様の取り組みを行っています。

このプログラムでは、難民スタッフへの語学研修や、彼らを受け入れる店舗スタッフへの研修も実施しています。このような難民の雇用と自立支援は、難民支援の新たな方向性を示す重要な取り組みです。企業が安全な職場環境を提供し、難民の経済的自立を促進することは、従来の支援を超えた、より持続可能な難民支援のモデルとなっています。

⑥難民が活躍できる社会をつくる「WELgee」(NPO)

NPO法人WELgee(ウェルジー)は、「WELCOME(歓迎)」と「Refugee(難民)」を組み合わせた名前を持つ団体です。この名前には、単に日本に逃れてきた人々を温かく迎え入れるだけでなく、彼ら一人一人が自らの未来を主体的に描き、実現できる社会を作りたいという思いが込められています。この団体の特徴は、難民一人一人が持つ能力に着目していることです。WELgeeの2023年の調査では、388人の難民のうち、75%以上が大学や大学院卒業の学歴を持ち、40%以上が2カ国語以上を話せることがわかりました。このデータは、多くの難民が高い潜在能力を持っていることを示しています。

WELgeeの活動は大きく分けて3つあります。1つめは人材育成です。日本で働くことに特化したキャリア教育や、社会人メンターと3カ月かけて自己分析や履歴書作成を行うサポート、日本語教育などを行っています。2つめは就職支援で、キャリアカウンセリングから面談練習、企業とのマッチング、就職後の職場定着支援まで、一貫したサポートを提供しています。3つめは、企業との協働事業です。難民の人々が持つユニークな視点や異文化経験を活かし、企業と新しいプロジェクトを立ち上げています。

このような活動により、難民として日本に来た人々は「支援される側」で終わるのではなく、その能力を活かして社会で活躍できるようになります。実際に、支援を受けた人々の中には、日本企業でリーダーシップを発揮する人や、母国との架《か》け橋となって活躍する人も出てきています。

難民受け入れに後ろ向きだと言われている日本社会においても近年、このように多様な活動が見られるようになってきました。これまで紹介してきた活動はＮＰＯや企業、学生団体によるものですが、こうした民間団体の取り組みひとつひとつが、変化を生み出す大きなうねりとなっていく可能性を秘めています。

また、ここまでで紹介したうちのいくつかは皆さんでも参加できるものです。

その中で、自分にできることをやってみる。もし参加した活動に納得できなければ、他の活動を探してみる。学校の文化祭や地域のイベントで自分のできることをやってみる……。こうした小さな一歩の繰り返しは、活動そのものの成果を超えて、見ている人、周囲の人を動かし、日本社会を変えるきっかけになるはずです。

ゼミで深掘り・6

ここでは映画の鑑賞をしたみどりさん、のり先生が、はるとさんと、私たちが難民をどうサポートできるのかを考えていきます。

はると　先生！　この前、みどりさんたちと研究室でおやつ食べながら、映画鑑賞会をしたんですってね。ズルいですよ。

のり先生　ごめん、ごめん。みどりさんたちは、今、日本に住むミャンマー難民の生活サポートをしているから、何か得るものがあればと思って、『グッド・ライ〜いちばん優しい嘘〜』(＊8)という映画を一緒に観たんですよ。

はると　あぁ、第三国定住制度でやって来たロストボーイズと呼ばれるスーダン難民の若者たちを就労させるストーリーですよね。第三国定住のことをレポートで書かないといけなかったので、まとめサイトであらすじだけチェックして知ってます。

のり先生　はるとさん、確か、レポートには感動したって書いていたよね……。第三国定住制度は日本でも2010年から、主にタイにいるミャンマー難民を対象に行われてきたんです。

はると　そうでしたよね！　でも、2012年には、ミャンマー難民の人たちの中で、この制度を使って日本に来ることを希望する人が誰もいなくなってしまい、日本側の受け入れ体制の問題が明らかになりましたよね。ちなみに、今、ミャンマーは軍の弾圧が激しくて大変みたいですが、日本はミャンマーからの難民を受け入れているんですか？

のり先生　残念ながら、クーデター後にミャンマーの人たちを積極的に受け入れようとする動きはみられませんでした。日本政府は対応に消極的で、ミャンマー軍に対して経済制裁をするどころか、軍にお金が流れてしまうような開発事業をクーデター後も継続したので、国際社会から非難を浴びているんです。（詳しくは3章参照）

みどり　そんな……。軍にお金が流れたら、国民を弾圧するための武器に使われてしまうかもしれないじゃないですか。一方で、日本はウクライナの人たちを避難民としてたくさん受け入れているし、ロシアへの経済制裁もしてますよね。どうして、こんなに対応が違うんですか？

のり先生　難しい質問ですね。まず、日本政府や一部の日本の政治家、企業が、ミャンマー国軍と友好関係を保つことで、援助やビジネスなどを円滑に進めてきたという背景があります。ミャンマーは、良くも悪くも日本との距離が近すぎたからこそ、いざという時に、非難の声を上げられなくなってしまっているのかもしれません。

みどり　クラスでいじめがあっても、いじめっ子とつるんでいたいから止められないみたいな感じですかね。なんか残念だなあ。

のり先生　それに、ウクライナ問題の場合、ロシアという大国が他国の領土に侵攻してきたため、国際問題として海外からの支援を得やすいですが、ミャンマーの場合は、国内で起きている政治問題や内紛とみなされてしまって、自分で解決してねと思われてしまっているのかもしれません。

みどり　そういえば私、前にバイト先のお店にミャンマー支援の募金箱を置きたい、といったら、政治的な活動をするな、と注意されたんですよ。ウクライナ避難民支援の募金箱は

たくさん置いてあるのに……。なんだか、モヤモヤします。

のり先生　みどりさんからすれば、納得いかないですよね。でも、ウクライナとミャンマーの間で新しい「壁」を作ってしまっても、事態は何も変わりません。難民問題を始め、国際社会で起きている弾圧や人権侵害はどれもなんらかの糸で繋がっています。せっかく日本社会が世界平和に関心を寄せるようになって、政府が難民の受け入れなど人道支援に積極的な姿勢を見せているのですから、「ウクライナの人たちにしている対応と同じことを他の国の人たちにもぜひお願いしたい」と前向きに声を上げていく必要があるのかもしれません。

＊8『グッド・ライ～いちばん優しい嘘～』(フィリップ・ファラルド監督、2014年)

コラム⑥

SDGs目標8「働きがいも経済成長も」×難民問題

1章でも触れた通り、現在多くの難民が避難先国で長年生活しており、自分の国に帰ること

写真 6-1　NGO の支援で生理用品をつくる研修を受ける女性たち（上・下）．つくられた生理用品は実際にキャンプで配給される

ができない状況が続いています。バングラデシュに逃れたロヒンギャ難民も同様で、2017年に生まれた赤ちゃんは自分の故郷を知らないまま、もう7歳になっているのです。こうした先が見えない状況ではありますが、だからといって希望を捨てるのではなく、いつか自分の国に戻った時のことを考えて、その時に使える知識や技術を身に付けておくことはとても大切なことです。

ロヒンギャ難民キャンプには、若い女性が縫製のスキルを身に付けながら収入を得ることができる研修施設があります。プロジェクトに参加する中で、ロヒンギャ難民の女性たちは縫製技術を学びながら、ミシンを使って下着や布ナプキンなどの衛生用品を製作します。完成品はUNHCRが年に2回、女性用衛生用品キットとして、女性たちに配布しています。難民の女性たちは、衛生用品を作ることで得た収入を貯めて自分のミシンを購入することができるため、プロジェクト卒業後には自分で好きなものを製作・販売し、継続的に収入を得ることができるのです。

若い難民の女性がスキルアップできる場を設け（SDGs4）、難民キャンプで生活する他の女性たちにも衛生用品を提供し（SDGs3）、技術を身に付けた若い難民の女性が、収入手段を得ることができる（SDGs8）――。この職業訓練プロジェクトは、様々な立場にいる人が同時にメリットを受けることができる事例なのではないでしょうか。

7章
難民を通して世界とつながる

キャンプ内の学校で

◉大学生・スミレの物語7

バイトの帰り道、ダオさんと一緒になった。駅のホームの階段に、重そうな荷物を持ったおばあさんがいるのを見つけて、ダオさんはすぐに走っていった。荷物を持って階段を一緒に上がってあげている。「ダオさん、すごいですね。言葉だって母語じゃないのにすぐ行動できるなんて」と言うと、「言葉が完璧じゃなくても大丈夫。困ったときはサポートしあうのが大事です。わたしも日本に来てすぐはたくさん知らない人に助けてもらいました」とダオさんは言った。私はいつも、助けなくていい理由を探してた。もっとシンプルに、動いていいんだ。「困ってるかも」と思ったらすぐに声をかけていいんだ。

ダオさんと話をするようになって、色々考えるようになった。ダオさんは将来、日本と難民をつなぐ仕事がしたいと言っていた。私は……。そうだ、まずは難民のことを扱う国際協力の授業を取ってみよう。図書館に行って本も借りてみよう。ダオさんとももっと話ができるようになるかもしれない。

■手をさしのべる社会へ

困っている人を助けることはよいことだと、誰しもが子どもの頃に大人から聞かされてきたと思います。自分が誰かの役に立っているときに、幸せや生きがいを感じるというのは人間の本質なのかもしれません。誰しも、目の前に行き倒れた子どもがいたら助けようと思うはずです。たとえそれが言葉も生活習慣も異なるロヒンギャ難民であったとしても。

問題は、それが「遠く」のバングラデシュの難民キャンプに押し込められており、普段「見えない」ということです。世界には、バングラデシュのキャンプに暮らすロヒンギャ難民や、日本で苛酷《かこく》ないじめにあったロヒンギャ難民のルリカさんのように、人知れず苦しんでいる人々がまだまだたくさんいます。その存在を知ること、そして彼女たちの日常や苦しみに「想像力」を働かせることによって、彼女たちの苦しみを理解できるようになることが大切です。しかし、それはそう簡単なことではありません。

２０２３年５月27日の朝日新聞の夕刊に「難民・避難民１億３００万人　第２次大戦最多／受け入れの道　見いだす世界に」という見出しが載りました。記事には俳優でＵＮＨＣＲ親善大使であるケイト・ブランシェットさんのインタビューが紹介されていました。

彼らは感性豊かで好奇心が強く有能で、もっと学び働きたい情熱を持っているのに、一定の教育を終えればその先の機会がない。若い世代が権利も財産も奪われ希望もなくしている状況は、誰の利益にもなりません。……失われた時間が多い難民にとって、再定住は機会をもたらします。難民危機は一国では解決し得ません。排除は世界的にも、個別の国々にとってもより大きな負担。受け入れるための方法をみんなで見いだす方が、政策としてより妥当です。

ドイツやカナダの支援目的の1つに、労働力確保があったのを覚えていますか。受け入れの背景にそういった目的もありながらも、教育を受ける権利や労働の権利をきちんと保障し、地域社会で受け入れる政策をとることで、より良き隣人、より良き仲間を目指そうとするものでした。

読者の皆さんと同じ年頃の人がキャンプでどんな生活を送っているか、自分ゴトとして考えるのは簡単ではないかもしれません。「権利も財産も希望もない」という状況を本当に理解するのは難しいでしょう。

では、こんな方法で考えてみてはどうでしょうか。あなたの日常生活で、当たり前だと思っていることや楽しみにしていることを想像してみてください。例えば、友だちと楽しむオンラインゲームや、好きなアイドルやアーティストのライブに行くこと。友だちとの外出や何気ない会話、自分がしたい勉強、そして将来の夢を描くこと。これらが突然できなくなり、いつ再開できるかも分からないとしたら、あなたはどんな気持ちになりますか。２０２０年から始まったコロナ禍のときには、何かやりたくても「できない」体験をした人も多いのではないでしょうか。怒り、悲しみ、絶望などのマイナス感情が湧いてきたはずです。

難民の人たちは、私たちが当たり前だと思っているこれらの選択肢のほとんどを持っていません。

そもそも私たちはなぜ遠くのキャンプで暮らす難民を支援したり、遠くから来た難民を助けたりしなければいけないのでしょうか。ブランシェットさんは、先のインタビューで「……違う文化から来た人たちに手を差し伸べることは自分への扉を開き、とてつもない機会となります」とも言っています。この言葉にもヒントがありそうです。

ここからは、私たち一人一人が難民問題を自分ゴトとして考え、思いを寄せ、行動することの意味について思いを巡らせてみたいと思います。章の終わりの「ゼミで深掘り」コーナーでは、特別編として、読者の皆さんと年齢が近く、実際に難民支援に関わっている2人の学生にもご登場いただきます。お2人がそうした活動に参加した動機や、具体的にどのような活動を行っているのか、そして難民の方々に対する思いなどを詳しくお聞きします。

■一人一人の行動が社会のレジリエンス（強靱性）を高める

ところで、皆さんはレジリエンスという言葉を聞いたことがあるでしょうか。レジリエンスとは、「回復力」や「復元力」と訳され、「困難をしなやかに乗り越える力」を意味します。難民と共存する社会をつくることはレジリエンスを備えた状態、つまり簡単にはへこたれない個人や社会をつくりあげることになるでしょう。難民は着の身着のままで知らない土地に来るわけですから、言葉や文化、生活習慣などさまざまな面で苦労が絶えません。逆にいえば、そんな難民の人たちが暮らしやすい社会をつくることができれば、それは誰にとっても暮らしやすい社会であるといえます。

日本社会にも様々な生きづらさを抱えた人たちが暮らしています。難民の人が安心して暮らせる社会を目指す中で、多くの人たちが直面する課題も同時に解決することができ、本当の意味でのバリアフリー社会を目指せるかもしれません。

そうなれば、もともと日本で暮らす人々の生活の質が向上するのはもちろんのこと、日本で働きたいと思う優秀な人々も増えてくるでしょう。さらに様々な価値観を持った人たちが集まればイノベーションも生まれやすくなります。

■今日からできる、難民と共に生きるための９つのこと

皆さんが今日からできる難民支援の方法は無限大です。この本を読んで、少しでも何かしたいと思ったら、例えば次のようなことはどうでしょうか。①から⑥までは、中学生・高校生の皆さんにも取り組みやすい内容になっています。⑦から⑨は大学生の皆さんにぜひチャレンジしてほしいです。できそうだと思ったものを、ぜひ実際にやってみてください。うまくいってもいかなくても、その行動は、あなた自身の力になるはずです。

①図書館で難民問題の本を借りる

「まずは難民とは何かを知りたい」「もっと知識を深めたい」という方には、学校や地域の図書館で難民問題についての本を借りてみることをおすすめします。図書館には、難民問題

について一から分かりやすく解説してある本や、ロヒンギャ難民といった特定の難民問題を取り上げた本もあります。まずは知ることから始めるというのは、難民問題に対して皆さんができる重要な第一歩です。巻末のリストに、難民・移民に関する問題や本書で取り上げたロヒンギャ難民問題などを知ることができる本をまとめたので、ぜひ図書館で探してみてください。

②スピーチや作文で難民問題を取り上げる

学校に通う皆さんにはスピーチや作文を書く機会があるのではないでしょうか。その中で、難民問題を取り上げることができます。皆さんが調べたこと、それを通して気付いたこと・考えたことを自分の言葉でまとめることで、自身の難民問題に対する理解を深めることにもなりますし、クラスメイトや作文・スピーチを読む・聞く人にも分かりやすく伝えることができます。専門的な報道よりも、身近な人からの情報のほうが受け入れやすいものです。あなたが難民問題について語ることで、周りの人々にとってこの問題がより身近に感じられるようになるかもしれません。

③自由研究で難民問題を取り上げる

自由研究のテーマとして難民問題を取り上げてみるのも良いでしょう。例えば、世界的な難民の発生状況を地図やグラフを用いて説明する、難民の生活をイラストで表現する、などといった工夫をすることで、自分だけでなく、その研究を見た人達の、難民に対する理解も深まります。また、「難民についてどう思いますか？」と家族やまわりの友だち・大人たちにインタビューしたり、身のまわりのどんなところに問題があるかを考えたりした結果をまとめてみるのもいいかもしれません。近所に難民の方がいる場合は、直接お話を聞いてみることをおすすめします。

また、第二次世界大戦のときにユダヤ難民が避難する過程で立ち寄った敦賀港のある福井県には「人道の港　敦賀ムゼウム」という資料館があります。日本における難民受け入れの歴史を考えるうえでとても貴重な資料が展示されており、自由研究には最適です。

④難民支援団体のイベントに参加する

難民を支援している団体は、日本を拠点とするものから、世界中にネットワークを持ち日本支部を持っているものなど、幅広くあります。そうした団体は、難民に関する勉強会や、実際に難民として逃れてきた方々の講演会など、定期的にイベントを企画・実施しています。イベントの内容やレベルは様々で、「難民について何も知らない」という人向けの初級レベルのものから、実際に行われている難民支援活動の報告会や専門家による研究発表会といった中・上級レベルのものまであります。
もちろん、学生向けのイベントや、皆さんと年齢の近い学生自身が運営しているイベントもたくさんあります。最近は、オンライン開催が増えたことで、地理的な制約が減り、日本全国どこからでも参加しやすくなっています。最初は知らないイベントに参加するのは勇気がいるかもしれません。しかし、参加を重ねるうちに、自然と知識が増え、同じ関心を持つ仲間も見つかっていくはずです。最初のステップとして、自分を映すカメラはオフにして、オンラインイベントに「参加」するのも良い方法です。

⑤難民の故郷の料理を出すレストランに行ってみたり、料理をつくってみよう

少しユニークな方法で難民を支援する方法もあります。街中で見かけるインド料理やタイ料理、ベトナム料理など、外国の料理を提供するレストランは、移民や難民として日本に移り住んだ人々が運営していることがあります。そういったレストランで食事をすることも、彼ら・彼女らにとっては収入となり、日本での生活を支えることにつながります。ロヒンギャの人々が多く住んでいる群馬県の館林市には、ロヒンギャ料理を出すレストランもあるので、ぜひ機会を見つけて行ってみてください。

また、難民支援協会が出版した『海を渡った故郷の味 Flavours Without Borders』と

いうレシピ本は、難民の人々から教わった故郷の料理をまとめたものです。このレシピを参考に、お家で料理を作ってみるのもいいかもしれません。6章でご紹介したMeal for Refugees(M4R)という団体は、このレシピ本をもとにした料理を大学や高校の食堂に導入し、売り上げの一部を難民支援協会へ寄付する活動をしています。難民の故郷の味を通して、難民の文化を知る、そして難民を支える活動に参加することもできるのです。

⑥難民問題のことをSNSで発信する

皆さんの日常にとって、最も身近であろうSNSも、難民問題を発信する重要なツールです。SNSで、皆さんが友人や身近な人々に向けて発信する情報は、大手メディアの報道よりも親しみやすく、共感を得やすいものです。難民問題について自分が学んだこと、考えたこと、感じたことをぜひ積極的に発信してみてください。「自分から発言するのはちょっと……」と思う方は、難民の方々の声や思いを伝える投稿、あるいは難民支援協会、WELgee、UNHCRといった支援団体の活動情報をシェアしてみてはどうでしょうか。「こういう団体が難民を支援しているみたいだよ」といった情報や、「私もこのイベントに参加してみました」といった体験談は、難民問題への関心を呼ぶだけではなく、「あなたがやっているなら私もやってみようかな」と、周りの人の当事者意識も刺激することができるのでしょう。難民当事者や支援関係者とも直接繋がれたり、同じような意識を持つ同年代の仲間と出会える可能性があるところも、SNSの良いところです。

⑦学校で難民に関するワークショップを開催する

難民問題について調べたり、皆さん自身で考えることに加え、実際に難民の方々の生活はどのようなものなのか体験する方法もあります。国連UNHCR協会と学生団体SOARは「いのちの持ち物けんさ」というワークショップを通じて、自分の育った地を追われ、異なる文化・環境・人間関係の中で「自分」を見失ってしまう、そんな難民の人々が経験する困難を疑似体験できる機会を提供しています。このワークショップは、国連UNHCR協会のウェブサイトに書かれた連絡先にメールで申し込めば、教室や身近なコミュニティで、友だちや地域の人たちと気軽に体験できるものになっていますので、難民の方々の気持ちへの理解を深めたり、自分にできることを見つめ直すきっかけになります。ぜひ、先生やまわりの大人の協力を経て、体験型ワークショップを開催してみてください。

⑧文化祭で募金活動を企画する

皆さんも駅や商業施設で募金活動をしている団体を見たことがあるかもしれません。難民を支援する団体に寄付するのも皆さんにできることの1つです。10円や100円を入れるだけでも、現地に必要な物品を購入できることがあり、尊い命を救うことができます。

さらに一歩進んで、自ら募金活動を行うこともできます。例えば、文化祭の企画や学校の委員会の活動の1つとして、難民支援活動への募金を呼びかけることができます。難民も含め世界中の子どもたちの支援を行うユニセフなどの団体では、募金活動を始める人に無償で募金箱やポスターの提供を行うなど、活動をサポートしてくれます。集まったお金は、団体を通して、実際の支援活動に使われますので、「難民を支援すると言っても何をしたらいいか分からない」という人にとって募金活動は身近で始めやすい一歩となるでしょう。

募金活動は、金銭的な支援につながることはもちろんのこと、募金箱を見た人にその社会問題を知ってもらうという側面からも意義のある活動です。募金活動をしたあとは、集めたお金がどのように使われたのかを調べて、寄付してくれた人に報告するイベントなどを企画するとより理解が深まるでしょう。

⑨ボランティアで日本語を教える

実際に外国にルーツを持つ人々や難民と関わってみたい方は、難民を支援する団体が運営するボランティア活動に参加して直接支援をする方法もあります。例えば、移民や難民の人々への日本語教育サポートや、移民・難民の親を持つ子どもたちの学習支援など、学生でもできるボランティア活動はたくさんあります。こういった活動を通じて、本やインターネットからは得られない貴重な経験ができます。実際に難民や移民の方々が直面している問題を間近で知ることができ、当事者の声を直接聞く機会も得られるでしょう。まずは「日本語ボランティア」のキーワードで近くで募集がないか調べてみましょう。多くの支援団体が、地域の国際交流協会や自治体と連携してボランティアを募集しています。

■ロヒンギャ難民にもらった勇気

最後に、私の体験をご紹介します。

バングラデシュの難民キャンプで調査をしているとき、1人の男の子が恥ずかしそうに話しかけてきました。ロヒンギャの人たちは一般的にベンガル語のチッタゴン方言に近い言葉を「ロヒンギャ語」として話すため、私は理解できないのですが、この男の子は私の理解できるスタンダードなベンガル語で話しかけてきたのです。

「ベンガル語が話せるんだね、すごいね?」と言うと、「僕ね、話せるだけじゃないよ。ベンガル語が読めるよ!」と、私の持っていたベンガル語の資料を指さしながら、「これは、アでしょ。これはコだね! それでね、これはアミ(ベンガル語で「私」)でしょ?!」と、楽しそうに読んでくれました。

バングラデシュでは、情勢が落ち着いたらミャンマーへ帰国することを前提とした難民政策がとられています。そのため、難民キャンプの中でロヒンギャ難民にベンガル語を教えることは禁止されているのです。

しかしこの男の子は、支援のため難民キャンプに出入りしているバングラデシュ人の会話やラジオを聞くうちに少しずつベンガル語を覚えたようです。また、支援物資の段ボールに書かれたベンガル語などをテキストに、指をさしてもらいながら、発音や文字の読み方、意味などを教えてもらっているようでした。

バングラデシュ政府が公式には禁止しているベンガル語の学習ですが、学ぶことに意欲を持った人というのは、年齢に関係なく身の回りにあるすべてのものが教科書となり、新しい知識を得ることをこんなにも楽しめるんだと、その男の子の輝いた目を見て感じました。

また、難民キャンプで印象に残ったもう1つのエピソードを紹介します。2章の冒頭に登場したジャハンギールさんですが、想像もしなかった言葉を彼の口から聞いて驚いたことがあります。

「僕たちはミャンマーのラカイン仏教徒の人たちと仲良くしてたし、ラカイン仏教徒の友だちだってたくさんいたんだ。だからラカイン仏教徒の人たちや、他のミャンマーの人たちのことを怖いとは思っていないんだよ。ただ、武装勢力のARSAやミャンマー国軍が怖いんだ。ミャンマーの人たちやラカイン仏教徒の人たちは悪くないんだよ、ただただ、状況がそうさせたんだ。安全なバングラデシュに暮らせるのはとてもうれしいし、友だちもたくさんできた。ここでは、故郷では禁止されていたイスラム教のコーランを読んだり、礼拝を呼び掛けるアザーンを流したりすることもできる。でも時々、生まれた土地に帰りたいなという気持ちになることはもちろんあるよ。」

ロヒンギャ難民の人たちは、命を失うかもしれない出来事を体験したわけですから、ミャンマーの人たちを怖がったり、恨んだりしているのではないかと私は勝手に思い込んでいました。ジャハンギールさんが「彼らは悪くない、状況が悪かった」と、自分たちを差別し、迫害する側だったミャンマーの人たちのことを思いやる姿に心を打たれるとともに、人類は難民問題を克服できるかもしれないと大きな勇気をもらいました。

そもそもイギリス植民地時代には、バングラデシュとミャンマーの境目もあってないようなものでした。それぞれの国が独立したあとも、国境周辺に住んでいた人々はお互い自由に行き来できていた時代があったのです。しかし、人々の生活を国単位で考えるようになる中で、両国の狭間に生きるロヒンギャの人たちはいつしか「難民」と呼ばれるようになってしまいました。国境というボーダーが、私たちの心にも無意識のボーダーを引いてしまうことで、難民問題を解決することが難しくなっているのかもしれません。

本書でこれまで皆さんと見てきたように、日本で生活する難民・移民を取り巻く環境にはまだまだ課題がたくさんあります。こうした課題は、難民や移民が「悪いから」発生しているのではなく、私たち受け入れ側の意識や社会の制度が十分でないから起きている可能性があります。

皆さんが普段生活する中で、国籍や人種、民族、肌の色、顔立ちの違いなどが差別や心のバリアを生み出している場面に遭遇することも多々あるのではないでしょうか。4章で紹介したルリカさんのように、日本語がうまく話せないことや肌の色が原因でいじめられている人は、あなたのまわりにはいませんか？　電車に乗っているとき、顔立ちや肌の色が異なる人の隣の席がいつまでも空席のままという状況を見たことはありませんか？

「自分と異なる人」を排除するのではなく、多様な背景を持つ人が活躍できる社会を目指し、私たち一人一人が少しずつ行動を起こすことが、この社会を少しでもよくすることに繋がると私は信じています。

写真 7-1　竹は家だけでなく，キャンプ内の排水溝(上)や橋(下)などのインフラ設備にも使用されている

ゼミで深掘り　特別編　先輩インタビュー

「ゼミで深掘り」もいよいよ最終回です。今日は、大学院生のわたるさん、きょうかさんをゲストにお招きして、お話を聞いていきます。

のり先生　今回は特別編ということで、ゼミの先輩をスペシャルゲストとしてお呼びしました。日本で難民問題に携わるお2人に話を聞いていきたいと思います。お2人は勉強だけでなく、ボランティアやインターンなど活発に難民支援活動に関わってきました。難民問題を単に遠い国の出来事として捉えるのではなく、「自分ゴト」として行動に移すまでの過程に焦点を当てて、お2人の経験をお聞きしていきたいと思います。

1人目のゲストは、大学院でミャンマーの研究を行っているわたるさんです。わたるさん、本日はお忙しい中お時間をいただき、ありがとうございます。どうぞよろしくお願いします。

わたる　よろしくお願いします。
みどり・はると　よろしくお願いします！
のり先生　では最初に、難民問題に関心を持ったきっかけを教えてください。
わたる　高校生の頃、アフリカの貧困を描いた『風に立つライオン』（＊9）という映画を見たことがきっかけです。映画の主人公はアフリカ出身ではないのですが、どうしてアフリカのために命を懸けて活動できるのだろうと不思議に思ったと同時に、他人を助ける人の素晴らしさに心を打たれました。もっと世界のことや国際協力について知りたいと思い、大学では教育支援について勉強したり、環境保全のNGOで活動したりしました。

大学に入ってからは2回ほどミャンマーを訪問し、ミャンマー人の友だちがたくさんできました。ただ、ミャンマー国内でロヒンギャ難民問題は非常にセンシティブな問題で、ロヒンギャ以外のミャンマーの人と一緒にいるときは「ロヒンギャ」という単語を口にすることすら憚《はばか》られるような状況でした。そのため、当初はそこまでロヒンギャについて知る機会はありませんでした。

そんなある日、ミャンマーでクーデターが発生し、自分の友だちがミャンマーで困っている様子をSNSで見るうちに、自分にも何かできることはないかと考えるようになりました。弾圧に苦しむ現地のミャンマーの人々を支援するため、街頭での募金活動に参加したり、ミャンマーの魅力や現状を伝えるための講演活動を始めることにしました。現在はロヒンギャの方々も含め、ミャンマーが抱える難民問題に広く関心を寄せています。

のり先生　ありがとうございます。それでは次に、わたるさんの今の活動について、詳しく聞かせてください。

わたる　日本に逃れてきたミャンマーの方々は、大きく分けて2つの活動を展開しています。私はその手伝いをしています。まず1つめは、ミャンマーの民主化や平和を実現するための活動です。具体的には、ミャンマー国内で弾圧を受け、森に逃げ込み生活している人々（いわゆる国内避難民）を主な対象とした緊急人道支援などです。日本で集めた寄付金をミャンマーの国内避難民支援に使用しています。私もこの寄付金を集めるために、日本で暮らすミャンマーの人と一緒に街中で募金を呼びかけています。その他にも、ミャンマーのことを日本の人々に伝えるために、イベントを開催したりしています。

2つめは、日本での在留待遇の改善を目的とした活動です。例えば、ミャンマーの人々が「難民」であることを日本政府から認めてもらうための活動や、生活の苦しい在日ミャンマー人のサポートなどです。実は、１９８８年にミャンマーでクーデターが発生した際にも、多くのミャンマー人が安全を求めて日本に逃れてきました。その時から日本で生活している人たちと力を合わせ、自分たちが政治的意見を理由に避難しなければならない難民であるということを主張し、難民認定が下りるのを待っています。私が行っているのは間接的な支援になりますが、技能実習生や留学生の生活相談にのったり、ボランティアとして日本語を教えたりもしています。

のり先生　あまり知られていなかっただけで、これまでも日本から、母国ミャンマーに向けた活動を行っていた人が数多くいるということですね。わたるさん自身も支援活動を始めて、その活動から見えてきた課題や学びはありますか？

わたる　当事者の方と接する中で、日本で暮らす難民の人々は日々様々な課題に直面しているということが分かりました。例えば、日本語をうまく話せないことが原因で社会から孤立してしまったり、良い待遇の職場が見つからなかったり、自分が難民であることを証明するための物的証拠がなかったり……このような問題が実はずっと身近に存在していたんだ、ということを知りました。

あとは、これまで難民への「支援」にフォーカスしてお話ししてきましたが、実際は自分自身が難民の人から学ぶことのほうが多いなと感じています。決して裕福とは言えない生活の中、食べ物や住む場所を提供し合い、稼いだわずかなお金を母国の支援に役立て、お互い協力して生活している。40年以上前に離れた母国の未来を常に気にかけて活動している。このような温かい人間性や「助け合いの心」から私たちが学べることは多いのではないかと思います。

のり先生　「支援する」という一方通行の関係ではなく、様々なことを「学び合う」という関係は素敵ですね。最後に、難民問題に対して自分もアクションを起こしたい！と思っているゼミ生へ、メッセージをお願いします。

わたる　「難民」という言葉を聞くと、どこか遠くの国から来た怖い人・かわいそうな人だというネガティブなイメージを持つかもしれません。しかし実際はそうではなく、命があって感情があって、家族や友人がいて、学校に通って働いている、私たちと何ら変わらない人たちなんです。私自身、難民の方と実際に交流する中でこのことに気づきました。

自分が今の活動を始めるきっかけとなったのは、やはりミャンマーに多くの友だちがいるということが大きいですが、必ずしも海外に行かなくても、日本の中でも、難民の方を含め、外国にルーツのある方とふれ合うことができる機会は存在します。例えば、ミャンマーにルーツを持つ方が多く暮らす東京・高田馬場に行き、そこでミャンマー料理を食べるのはどうでしょうか。きっとまわりにミャンマーの方がいらっしゃると思うので、勇気を出して話しかけてみてください。また、イベントやワークショップを開催していることもあるので、ぜひ参加してほしいと思います。

世界中の全ての課題は繋がっています。世界各地で起きている難民問題はお互いに関連していますし、世界の難民問題は実は日本国内の課題とも繋がっています。「グローバル化」の時代と言われますが、欧米に行って英語を話して……ということだけがグローバル化なのではなく、様々な国に対する理解を深め、多様な社会問題に目を向けることが今求められているのではないでしょうか。

のり先生 ありがとうございます。確かにグローバル社会で活躍するというと欧米で華々しく、といったイメージが先行しがちですが、世界の問題と日本の問題を同一線上の問題として捉えると「できること」が一気に広がりそうですね。わたるさん、ありがとうございました。

みどり 貴重なお話、ありがとうございました。ごはんを食べることからなら私も楽しく始められそうです!

はると 僕も僕も。高校生の時に見た映画をきっかけに、自分の道を決めていくってすごいです。海外に行くのは少しハードルが高いけど、映画を観たり、小説を読むことなら自分でもできるって思いました！

のり先生　続いて、日本のＮＧＯや国連機関で難民支援のボランティアやインターンを経験してきたきょうかさんにお話を聞いていきます。きょうかさん、よろしくお願いします。

きょうか　よろしくお願いします。

のり先生　初めに、難民問題に関心を持ったきっかけを教えてください。

きょうか　まず、高校１年生の頃に参加した「東京グローバル・ユース・キャンプ」で国際協力に興味を持ちました。ＪＩＣＡ青年海外協力隊の訓練所で１週間ほど生活し、途上国が抱える様々な問題を学んだ経験は、それまで日本のことしか考えていなかった私にとって驚きの連続でした。将来は国際協力に携わりたい、そのために国連に入りたいと考えるようになり、大学では英語と紛争解決学を学ぶことにしました。

そして、大学１年生の冬、のり先生が主催したロヒンギャ女性・ルリカさん（４章参照）の講演会に参加したことが、人生の転機となりました。ミャンマーや避難途中で直面した困難はもちろん、日本に来てからの苛酷な差別の経験を聞き、ガツンと頭を殴られたような衝撃を受けました。それまで難民問題はどこか遠い国の課題だと思っていた私は、この時はじめて、難民問題を「自分ゴト」として捉えることができました。

それ以来、まずは日本で暮らす難民に対する支援がしたいと思うようになり、難民支援をしている国連機関の日本支部やNGOでボランティア・インターン活動を行ってきました。具体的には、難民の子どもたちに対する学習支援や、より多くの人に難民問題のことを知ってもらうための広報活動を経験してきました。

のり先生　きょうかさんは難民問題に関するボランティアやインターンの活動をたくさんしてきたんですよね。ルリカさんの講演会に参加した後、どうして自分で行動を起こそうと思ったのでしょうか。また、活動する中で見えてきた学びや課題を教えてください。

きょうか　ルリカさんのお話を聞いて、日本にも難民問題が存在していると知り、これは放っておける問題ではないなと感じました。今思い返せば、私自身、海外で「アジア人だから」という理由で仲間外れにされた経験があり、その時の自分の姿とルリカさんの姿が重なったのだと思います。自分がマイノリティとして差別された経験ですね。

それから、ロヒンギャを始めとする世界中の難民問題について調べるようになったのですが、まわりの人に難民問題のことを話しても、全く関心を持ってもらえなかったんです。そもそも「難民」とは誰なのかを知っている人はほとんどいませんでした。もちろん、日本で生活する難民が存在することも。私自身、ルリカさんの講演を聞いて、ロヒンギャのことを知ったのが契機になったので、もっと多くの人が難民のことを「知る」ことが鍵だと考えて、難民問題の広報・普及啓発を行う団体でインターンを始めました。

「難民を支援する」と言ったときに、シリアやバングラデシュなどの難民が発生している地域に行って活動する、ということを想像する人がまだまだ多いのではないかと思います。しかし実際は、必ずしも現地に行かなくても、難民と直接的に触れ合わなくても、日本からできる支援の形はたくさんあります。「日本で難民問題を伝えていく」ということは、皆さんが今日からできる、難民支援の在り方ではないでしょうか。

そして、活動の中で見えてきた課題としては、やはり難民問題に関心を持つ人の数が少ないということですね。特に日本では難民を支援することにネガティブな人が多いと感じているので、この状況を根本的に変えるためには、政治・政策レベルのアプローチが必要だと今では考えています。

のり先生　活動を通じて、難民支援の在り方は多様であるということを体感されたのですね。最後に、難民問題に対して自分もアクションを起こしたい！と思っている皆さんに向けて、メッセージをお願いします。

きょうか　まずはユース世代の私たちが国内外の難民問題に関心を持ち続けること。これが一番重要だと考えています。ウクライナの例が記憶に新しいですが、数多くの人が国を逃れ難民となった当初はみんな関心を寄せて、寄付をしたりニュースで状況を確認したりしましたよね。しかし、難民問題が長期化するにつれて、だんだん世の中の関心は薄れていきます。2024年現在、ロヒンギャ難民に対する国際社会からの支援は減少し、難民キャンプの運営がより大変になっています。このような「光の当たらない」難民問題に対し、私たち1人1人が意識を向け続けることが、とても大切だと考えています。

近年、長期にわたり祖国に帰れない難民が増加しています。そして、私たちは忘れてはいけません。もし生まれた国が違っていたら、その難民は私たち自身だったかもしれないのです。

確かに、文化の違いから生じる摩擦、例えばゴミの出し方をめぐる問題などは避けられないかもしれません。しかし、これらの課題は乗り越えられないものではありません。むしろ、難民や外国にルーツを持つ方々と「一緒に」これからの日本社会を築いていくという姿勢が重要なのではないかと思っています。この意識は、日本人同士の間でも思いやりの心を育み、多様性を尊重する社会の実現につながるのではないでしょうか。

逆境に置かれながらも力強く生きてきた人々が存在することで、難民を受け入れる側の社会全体が活き活きとしてくるのだと思います。

のり先生　きょうかさん、ありがとうございました。

はると　確かに、大きなニュースになっているときは関心を持って見ていても、次々にいろんなニュースが入ってきて、関心を持ち続けることが難しいなって思います。それでもやっぱり、たまたま生まれた場所で、差別されたり、国籍を認められないなんておかしい。知らないといけないなって思います。

みどり　本当にそうだよね。それにしても、お2人ともまっすぐ胸を張って進んでる感じがかっこいい。私もそういうものを見つけたいな。

はると　僕もそう思った！　のり先生のゼミは先生よりも尊敬できる先輩がたくさんいて、とっても刺激になる。

のり先生　そうです。うちのゼミの誇りは文献からだけでなく、実際に行動に移すことから学ぶ学生がたくさんいることです。「先生より」は余計ですけどね……。

＊9『風に立つライオン』（三池崇史監督、2015年）

おすすめの本リスト

【中学生向けの本】

＊中島京子著『やさしい猫』（中公文庫、2024）

スリランカ出身の自動車整備士「クマさん」と恋に落ちた日本人シングルマザーを描く小説で、日本で「外国人であること」が持つ意味を考えさせられる内容となっています。恋愛ストーリーを通じて、外国人が直面する課題や偏見、文化の違いによる摩擦などが繊細に描かれています。同時に、異なる背景を持つ人々が互いを理解し、尊重し合う社会の可能性も示唆《しさ》しています。

＊今泉みね子著『ようこそ、難民！：100万人の難民がやってきたドイツで起こったこと』（合同出版、2018）

大勢の難民が一斉に押し寄せたドイツで、人々はどのように考え対応したのか――。難民を受け入れる側の葛藤が分かりやすく描写されています。ドイツの経験から学び、日本社会が直面する可能性のある課題や対策について考えるきっかけを提供してくれます。難民問題に関心のある人はもちろん、多文化共生や社会統合に興味がある方にもおすすめの1冊です。

＊ナディ著『ふるさとって呼んでもいいですか：6歳で「移民」になった私の物語』（山口元一解説、大

月書店、2019）

6歳の頃、家族でイランから日本に「移民」としてやってきた著者の経験が詰まっています。「ふるさと」という概念と格闘する姿を通じて、生まれ育った国を離れ、新しい国で生活を始めることの困難さや、帰属意識の揺れ動きが繊細に描かれています。

＊ヴィクトリア・ジェミスン作、オマル・モハメド原案、イマン・ゲディ彩色『オマルとハッサン：4歳で難民になったぼくと弟の15年』（中山弘子訳、滝澤三郎監修、合同出版、2021）

ソマリアからケニアの難民キャンプに避難した兄弟の物語。イラストの素敵な漫画で読みやすいです。難民キャンプでの日常生活、教育、家族関係などが具体的に表現され、15年間の成長過程を通じて、難民の子どもたちが直面する課題や希望が明らかになっていきます。

＊小峯茂嗣著『ぼくはロヒンギャ難民。：差別され、迫害され、故郷を追われた人びと』（合同出版、2022）

ロヒンギャ難民問題について、その歴史的背景から難民キャンプの状況まで、包括的に解説した作品です。ロヒンギャの人々が直面してきた差別や迫害の実態、そして故郷を追われるに至った経緯が、分かりやすい言葉で説明されています。

【高校生向けの本】

＊滝澤三郎編著『世界の難民をたすける30の方法』（合同出版、2018）

世界中の難民問題と、その支援方法について包括的に解説した実践的なガイドブック。30の支援方法は、日常生活の中で実践できるものから、より専門的な支援活動まで幅広く網羅されており、読者それぞれのレベルや関心に合わせて選択できるようになっています。

＊根本かおる著『難民鎖国ニッポンのゆくえ：日本で生きる難民と支える人々の姿を追って』（ポプラ新書、2017）

日本に逃れてきた難民がどのような困難に直面しているのか、それを支える人々はどのような活動をしているのかが具体的に描かれており、難民支援の現場を理解することができます。「難民鎖国」という言葉が示すように、日本の難民受け入れ政策の厳しさにも批判的な目を向けています。

＊岩城けい著『さようなら、オレンジ』（筑摩書房、2013）

オーストラリアで生活するアフリカ出身の難民女性サリマと、日本人女性との出会いを軸に、異国の地で生きることの意味を深く掘り下げた小説。アフリカでの過酷な経験を背負いながら、オーストラリアという新しい環境で生きていく難民女性の日常を通して、読者は難民が直面する言語の壁、文化の違い、過去のトラウマなど、様々な課題を身近に感じることができます。

＊内藤正典『外国人労働者・移民・難民ってだれのこと？』（集英社、2019）

日本社会で頻繁に議論されながらも、しばしば混同されがちな「外国人労働者」「移民」「難民」の概念を明確に整理し、それぞれの現状と課題を分かりやすく解説した1冊。日本の労働市場における外国人の役割、技能実習制度の問題点、難民認定制度の課題など、現在の日本が直面している問題が具体的に論じられています。

【大学生向けの本】

＊滝澤三郎・山田満編著『難民を知るための基礎知識：政治と人権の葛藤を越えて』（明石書店、2017）

大学での授業やレポート執筆など、難民問題を体系的に学ぶために欠かせない必読書です。難民の定義や国際法上の位置づけから始まり、世界各地の難民の現状、難民受け入れ国の政策比較、難民支援の実態など、幅広いトピックをカバーしています。サブタイトルが示すように、難民問題の複雑性と、その解決に向けた包括的なアプローチの必要性が強調されています。

＊中西嘉宏著『ロヒンギャ危機：「民族浄化」の真相』（中公新書、2021）

ミャンマーにおけるロヒンギャ問題の背景と実態を、国内政治と国際関係の視点から深く掘り下げた書籍です。多くの難民問題に関する書籍が受け入れ側の課題に焦点を当てる中、本書はなぜ難民が生まれるのか、その根本的な原因に迫っています。ロヒンギャ問題や難民問題に関心のある人はもちろん、国際政治や民族問題について学びたい人にとっても、貴重な1冊です。

＊日下部尚徳・石川和雅編著『ロヒンギャ問題とは何か：難民になれない難民』（明石書店、2019）

ロヒンギャ問題を、主に難民受け入れ先であるバングラデシュの側から解説しています。同国の難民受け入れ政策や、キャンプの実態、地域社会への影響などが具体的に論じられており、受け入れ国が直面する課題が浮き彫りになっています。また、国際社会の対応や各国の外交姿勢についても解説されており、ロヒンギャ問題をグローバルな文脈の中で理解することができます。

＊佐々涼子著『ボーダー：移民と難民』（集英社インターナショナル、2022）

日本語教師として在留外国人と接してきた著者が、日本の難民申請者を取り巻く状況を、入管にフォーカスしてリポートしたノンフィクション作品。難民認定プロセスの複雑さ、長期収容の問題、申請者が直面する法的・社会的障壁など、難民受け入れ制度の課題が具体的に描かれています。

＊毎日新聞取材班著『にほんでいきる：外国からきた子どもたち』（明石書店、2020）

日本で生活する外国にルーツを持つ子どもたちの現状と課題を、教育現場を中心に詳細に描き出したルポルタージュ。言語の壁、文化の違い、アイデンティティの葛藤など、子どもたちが直面する様々な課題が具体的なエピソードを通じて浮き彫りにされています。日本語指導の不足、教員の多文化理解の課題、学習支援の限界など、日本の学校が抱える様々な問題点も指摘しています。

＊鈴木江理子編著『アンダーコロナの移民たち：日本社会の脆弱性があらわれた場所』（明石書店、2021）

新型コロナウイルス感染症が世界的に流行する中、日本社会の中で特に脆弱な立場に置かれた外国人労働者の生活を描き出しています。雇用の不安定さ、医療へのアクセスの困難、情報格差、差別や偏見の悪化など、パンデミックによって深刻化した問題が具体的に論じられています。

おわりに

この本は、複雑な難民問題をできるだけ分かりやすく、かつ私たちの暮らす社会の延長線上にある問題として伝えたいとの思いで執筆しました。企画段階から貴重なアドバイスをいただいたＮＨＫ(当時)の草谷緑さん、ご自身の難民としての苛酷《かこく》な経験を惜しみなく語ってくださった長谷川留理華さんには感謝の言葉しかありません。また、長年ご指導いただいている福永正明先生、内海愛子先生、中村安秀先生には出版を強く後押ししていただきました。記して感謝の意を表します。

そして、本書を執筆するにあたっては多くのＲＡ(リサーチ・アシスタント)にご協力いただきました。それぞれが大学で国際協力について学び、自らも難民問題や途上国支援に携わってきたメンバーです。

石川航さんは、大学で国際協力とビルマ語を学び、ミャンマーのクーデターをきっかけにミャンマー避難民の人々への人道支援に関わるようになりました。今は大学院で在日ミャンマー人コミュニティの民主化運動を研究しており、今後も国内外でミャンマー支援に取り組もうとしています。

高橋瑞季さんは、インド・バングラデシュで教育支援活動を行うNPOでのボランティアをきっかけに南アジア地域と国際協力に興味を持ち、大学ではベンガル語を専攻しました。NPOの現地スタディツアーへの参加等を経て、大学院に進学し、バングラデシュの教育開発について研究しています。

志水千紘さんは、大学では国際経営学を学んできましたが、お金やビジネスだけでは実現できない、「目の前の1人の命を救うこと」に携わりたいという思いから、国際協力を並行して学ぶようになりました。国際医療や人道支援の団体でのインターンシップを経験したのち、イギリスの大学院に進学し、国際支援や紛争問題について学んでいます。

澤田ちひろさんは、大学・大学院では政治学と国際法の視点から国際協力を学びました。フィリピン南部のミンダナオの紛争問題に関心を持ち、現地調査に参加するなど、積極的に現場に足を運んできました。平和構築活動に携わりたいという強い思いから、修士課程修了後は日本の国際協力機関に就職しました。

RAのリーダーとして本書に多くの時間を割いてくれた老松京香さんは、高校生の時に漠然と興味のあった国際協力をもっと学びたいと思い、平和構築・紛争解決学を学べる大学に入学を決めました。大学では難民問題を軸に勉強すると同時に、将来国際機関で働くための英語力を身に付けようと、英語も専攻しました。日本のNGOや国連の難民支援組織でインターン・ボランティア活動を経験した後、より専門的に難民問題を研究するため、イギリスの大学院に進学し移民・難民学を学んでいます。

こうした頼もしいRAたちのサポートがなければ、本書を完成させることはできませんでした。彼らはコロナ禍にあってもオンラインで自主ゼミを企画し、国際協力への学びを止めることはありませんでした。彼らとの数年にわたる議論が本書には生かされています。心からの感謝を表します。

各章の執筆にあたっては、根本敬先生(3章)、加藤丈太郎先生(1章・5章)、斎藤紋子先生(4章)に貴重なご意見をいただきました。お忙しい中、原稿を丁寧にご確認いただき、的確なアドバイスをいただきましたことに深く感謝申し上げます。また、大橋正明先生、杉江あい先生には難民キャンプの共同研究を通じて、野口豊さんには国際協力に関する中高生セミナーを通じて、本書に関わる多くの示唆をいただきました。さらに、広島大学で博士課程に在籍している田中志歩さん、立教大学で修士号を取得された中川理香子さんには、本書全体にわたって様々なアイデアをいただき、本文の推敲にあたっても大変お世話になりました。

最後になりますが、岩波書店の山下真智子さんには本書をより魅力的な内容にするために、私自身がはっとさせられるたくさんの貴重な視点を共有していただきました。山下さんとのやりとりの中で、難民問題だけでなく国際的な問題を「自分ゴト」として考える多くのヒントを得ることができました。個人的には、執筆時にバングラデシュで政変が起こるなど、様々な仕事が重なり、なかなか筆が進まない時期もありましたが、山下さんに仕事や子育ての悩みも聞いていただきながら、なんとか本書を形にすることができました。本当にありがとうございました。

本書における研究成果は、JSPS 科研費 JP19H00554、JP20H05829、JP23H03630、JP23KK0220 の助成を受けたものです。

日下部尚徳
立教大学異文化コミュニケーション学部准教授．東京外国語大学准教授を経て2020年4月より現職．博士(人間科学)．専門は南アジア地域研究，国際協力論，開発社会学．バングラデシュを主なフィールドとし，貧困や気候変動，児童労働，難民問題などのテーマで調査・研究を行う．単著に『わたし8歳、職業、家事使用人。——世界の児童労働者1億5200万人の1人』(合同出版，2018)，編著に『新 世界の社会福祉——南アジア』(旬報社，2020)，共編著に『バングラデシュを知るための66章』(明石書店，2017)，『ロヒンギャ問題とは何か——難民になれない難民』(明石書店，2019)，『アジアからみるコロナと世界』(毎日新聞出版，2022)他．

自分ゴトとして考える難民問題
—SDGs時代の向き合い方　　岩波ジュニア新書996

2025年2月20日　第1刷発行

著　者　日下部尚徳《くさかべなおのり》

発行者　坂本政謙

発行所　株式会社 岩波書店
〒101-8002 東京都千代田区一ツ橋2-5-5
案内 03-5210-4000　営業部 03-5210-4111
ジュニア新書編集部 03-5210-4065
https://www.iwanami.co.jp/

印刷・三陽社　カバー・精興社　製本・中永製本

ISBN 978-4-00-500996-1　　Printed in Japan

岩波ジュニア新書の発足に際して

きみたち若い世代は人生の出発点に立っています。きみたちの未来は大きな可能性に満ち、陽春の日のようにひかり輝いています。勉学に体力づくりに、明るくはつらつとした日々を送っていることでしょう。

しかしながら、現代の社会は、また、さまざまな矛盾をはらんでいます。営々として築かれた人類の歴史のなかで、幾千億の先達《せんだつ》たちの英知と努力によって、未知が究明され、人類の進歩がもたらされ、大きく文化として蓄積されてきました。にもかかわらず現代は、核戦争による人類絶滅の危機、貧富の差をはじめとするさまざまな人間的不平等、社会と科学の発展が一方においてもたらした環境の破壊、エネルギーや食糧問題の不安等々、来るべき二十一世紀を前にして、解決を迫られているたくさんの大きな課題がひしめいています。現実の世界はきわめて厳しく、人類の平和と発展のためには、きみたちの新しい英知と真摯《しんし》な努力が切実に必要とされています。

きみたちの前途には、こうした人類の明日の運命が託されています。ですから、たとえば現在の学校で生じているささいな「学力」の差、あるいは家庭環境などによる条件の違いにとらわれて、自分の将来を見限ったりはしないでほしいと思います。個々人の能力とか才能は、いつどこで開花するか計り知れないものがありますし、努力と鍛練の積み重ねの上にこそ切り開かれるものですから、簡単に可能性を放棄したり、容易に「現実」と妥協したりすることのないようにと願っています。

わたしたちは、これから人生を歩むきみたちが、生きることのほんとうの意味を問い、大きく明日をひらくことを心から期待して、ここに新たに岩波ジュニア新書を創刊します。現実に立ち向かうために必要とする知性、豊かな感性と想像力を、きみたちが自らのなかに育てるのに役立ててもらえるよう、すぐれた執筆者による適切な話題を、豊富な写真や挿絵とともに書き下ろしで提供します。若い世代の良き話し相手として、このシリーズを注目してください。わたしたちもまた、きみたちの明日に刮目《かつもく》しています。（一九七九年六月）

961
森鷗外、自分を探す
出口智之

文豪で偉い軍医の天才？　激動の時代の感覚に立って作品や資料を読み解けば、自分探しに悩む鷗外の姿が見えてくる。

962
巨大おけを絶やすな！
日本の食文化を未来へつなぐ
竹内早希子

しょうゆ、みそ、酒を仕込む、巨大な木おけ。途絶えかけた大おけづくりをつなぎ、その輪を全国に広げた奇跡の奮闘記！

963
10代が考えるウクライナ戦争
岩波ジュニア新書編集部編

この戦争を若い世代はどう受け止めているのでしょうか。高校生達の率直な声を聞き、平和について共に考える一冊です。

964
ネット情報におぼれない学び方
梅澤貴典

新しい時代の学びに即した情報の探し方や使い方、更にはアウトプットの方法を図書館司書の立場からアドバイスします。

965
10代の悩みに効くマンガ、あります！
トミヤマユキコ

悩み多き10代を多種多様なマンガを通してお助けします。萎縮したこころとからだがふわっと軽くなること間違いなしの一冊。

966
新種発見物語
―足元から深海まで11人の研究者が行く！
島野智之編著
脇　司

虫、魚、貝、鳥、植物、菌など未知の生物の探究にワクワクしながら、分類学の基礎も楽しく身につく、濃厚な入門書。

967 核のごみをどうするか
―もう一つの原発問題
今田高俊・寿楽浩太・中澤高師

原子力発電によって生じる「高レベル放射性廃棄物」をどのように処分すればよいのか。問題解決への道を探る。

968 扉をひらく哲学
―人生の鍵は古典のなかにある
中島隆博・梶原三恵子・納富信留・吉水千鶴子 編著

親との関係、勉強する意味、本当の自分とは？……人生の疑問に、古今東西の書物をひもといて、11人の古典研究者が答えます。

969 在来植物の多様性がカギになる
―日本らしい自然を守りたい
根本正之

日本らしい自然を守るにはどうしたらい い？　在来植物を保全する方法は？　自身の保全活動をふまえ、今後を展望する。

970 知りたい気持ちに火をつけろ！
―探究学習は学校図書館におまかせ
木下通子

レポートの資料を探す、データベースで情報検索する……、授業と連携する学校図書館の活用法を紹介します。

971 世界が広がる英文読解
田中健一

英文法は、新しい世界への入り口です。楽しく読む基礎とコツ、教えます。英語力不問、この1冊からはじめよう！

972 都市のくらしと野生動物の未来
高槻成紀

野生動物の本当の姿や生き物同士のつながりを知る機会が減った今。正しく知ることの大切さを、ベテラン生態学者が語ります。

973 ボクの故郷は戦場になった ―樺太の戦争、そしてウクライナへ
重延 浩

1945年8月、ソ連軍が侵攻を開始し、のどかで美しい島は戦場と化した。少年が見た戦争とはどのようなものだったのか。

974 源氏物語入門
高木和子

日本の古典の代表か、色好みの男の恋愛遍歴か。『源氏物語』って、一体何が面白いの？ 千年生きる物語の魅力へようこそ。

975 「よく見る人」と「よく聴く人」 ―共生のためのコミュニケーション手法
広瀬浩二郎
相良啓子

目が見えない研究者と耳が聞こえない研究者が、互いの違いを越えてわかり合うためコミュニケーションの可能性を考える。

976 平安のステキな！女性作家たち
川村裕子
早川圭子絵

紫式部、清少納言、和泉式部、道綱母、孝標女。作品の執筆背景や作家同士の関係も解説。ハートを感じる！王朝文学入門書。

977 国連で働く ―世界を支える仕事
植木安弘編著

平和構築や開発支援の活動に長く携わってきた10名が、自らの経験をたどりながら国連の仕事について語ります。

978 農はいのちをつなぐ
宇根 豊

生きものの「いのち」と私たちの「いのち」はつながっている。それを支える「農」とは何かを、いのちが集う田んぼで考える。

979
10代のうちに考えておきたいジェンダーの話
堀内かおる
10代が直面するジェンダーの問題を、未来に向けて具体例から考察。自分ゴトとして考えた先に、多様性を認め合う社会がある。

980
食べものから学ぶ現代社会
―私たちを動かす資本主義のカラクリ
平賀　緑
食べものから、現代社会のグローバル化、巨大企業、金融化、技術革新を読み解く。『食べものから学ぶ世界史』第2弾。

981
原発事故、ひとりひとりの記憶
―3・11から今に続くこと
吉田千亜
3・11以来、福島と東京を往復し、人々の声に耳を傾け、寄り添ってきた著者が、今に続く日々を生きる18人の道のりを伝える。

982
縄文時代を解き明かす
―考古学の新たな挑戦
阿部芳郎 編著
人類学、動物学、植物学など異なる分野と力を合わせ、考古学は進化している。第一線の研究者たちが縄文時代の扉を開く！

983
翻訳に挑戦！ 名作の英語にふれる
河島弘美
he や she を全部は訳さない？ この人物は「僕」か「おれ」か？ 8つの名作文学で翻訳の最初の一歩を体験してみよう！

984
SDGsから考える世界の食料問題
小沼廣幸
アジアなどで長年、食料問題と向き合い、今も邁進する著者が、飢餓人口ゼロに向け、SDGsの視点から課題と解決策を提言。

985 迷いのない人生なんて
――名もなき人の歩んだ道
共同通信社編
共同通信の連載「迷い道」を書籍化。家族との葛藤、仕事の失敗、病気の苦悩…。市井の人々の様々な回り道の人生を描く。

986 ムクウェゲ医師、平和への闘い
――「女性にとって世界最悪の場所」と私たち
立山芽以子
華井和代
八木亜紀子
アフリカ・コンゴの悲劇が私たちのスマホに繋がっている？ ノーベル平和賞受賞医師の闘いと紛争鉱物問題を知り、考えよう。

987 フレーフレー！就活高校生
――高卒で働くことを考える
中島　隆
就職を希望する高校生たちが自分にあった職場を選んで働けるよう、いまの時代に高卒で働くことを様々な観点から考える。

988 野生生物は「やさしさ」だけで守れるか？
――命と向きあう現場から
朝日新聞取材チーム
多様な生物がいる豊かな自然環境を保つために、時にはつらい選択をすることも。悩みながら命と向きあう現場を取材する。

989 〈弱いロボット〉から考える
――人・社会・生きること
岡田美智男
弱さを補いあい、相手の強さを引き出す〈弱いロボット〉は、なぜ必要とされるのか。生きることや社会の在り方と共に考えます。

990 ゼロからの著作権
――学校・社会・SNSの情報ルール
宮武久佳
情報社会において誰もが知っておくべき著作権。基本的な考え方に加え、学校と社会でのルールの違いを丁寧に解説します。

991 データリテラシー入門 ―日本の課題を読み解くスキル 友原章典

地球環境や少子高齢化、女性の社会進出など社会の様々な課題を考えるためのデータ分析のスキルをわかりやすく解説します。

992 スポーツを支える仕事 元永知宏

スポーツ通訳、スポーツドクター、選手代理人、チーム広報など、様々な分野でスポーツを支えている仕事を紹介します。

993 おとぎ話はなぜ残酷でハッピーエンドなのか ウェルズ恵子

異世界の恋人、「話すな」の掟、開けてはいけない部屋――現代に生き続けるおとぎ話は、私たちに何を語るのでしょう。

994 歴史的に考えること ―過去と対話し、未来をつくる 宇田川幸大

なぜ歴史的に考える力が必要なのか。近現代日本の歩みをたどって今との連関を検証し、よりよい未来をつくる意義を提起する。

995 ガチャコン電車血風録 ―地方ローカル鉄道再生の物語 土井　勉

地域の人々の「生活の足」を守るにはどうすればよいのか？　近江鉄道の事例をもとに地方ローカル鉄道の未来を考える。

996 自分ゴトとして考える難民問題 ―SDGs時代の向き合い方 日下部尚徳

「なぜ、自分の国に住めないの？」彼らが国を出た理由、キャンプでの生活等を丁寧に解説。自分ゴトにする方法が見えてくる。